청소년, 참여의 새 시대를 열다

두발규제반대운동부터
10대 청소년 시민 탄생까지

청소년,
참여의 새 시대를 열다

초판 1쇄 인쇄 2022년 3월 8일
초판 1쇄 발행 2022년 3월 18일

지은이 모상현, 이윤주, 이창호, 최정원, 황세영, 황여정
펴낸이 김승희
펴낸곳 도서출판 살림터

기획 한국청소년정책연구원
기획총괄 정광일
편집 송승호, 조현주
북디자인 꼬리별

인쇄·제본 (주)신화프린팅
종이 (주)명동지류

주소 서울시 양천구 목동동로 293, 2215-1호
전화 02-3141-6553
팩스 02-3141-6555
출판등록 2008년 3월 18일 제313-1990-12호
이메일 gwang80@hanmail.net
블로그 http://blog.naver.com/dkffk1020

ISBN 979-11-5930-220-6 03330

*가격은 뒤표지에 있습니다.
*잘못된 책은 바꾸어 드립니다.

두발규제
반대운동
부터
10대
청소년 시민
탄생까지

청소년,
참여의
새시대를
열다

한국청소년정책연구원 기획
모상현·이윤주·이창호·최정원·황세영·황여정 지음

살림터

발간사

청소년 참여의 새로운 지평이 열리다

청소년의 자기주도성을 높이자는 것이 청소년정책에서는 가장 핵심적인 모토다. 대표적인 것이 '청소년 참여' 정책이다. 청소년 참여활동은 거의 공식처럼 청소년참여기구 활동으로 이해되어 왔다. 청소년특별회의, 청소년참여위원회, 청소년운영위원회라는 3각 편대의 청소년참여기구는 양적·질적 성장을 거듭하면서 청소년 참여활동의 저변을 넓혀 왔고, 여러 유형의 청소년참여기구로 확산되는 데 산파역을 해 왔다. 청소년의 참여는 교육정책이나 아동복지정책에서도 강조되고 있고, 선거권 연령을 18세로 낮춘 성과와도 무관하지 않다. 어느새 피선거권은 18세로 낮춰졌고 16세부터 정당 가입도 가능해졌다. 청소년 참여의 새로운 지평을 열어 갈 시대가 열렸다.

청소년들의 민주시민으로서의 역량은 아직 부족할지 모른다. PISA 결과가 보여 주는 우리나라 청소년의 인지적 역량과 정서적인 역량 간의 간극을 ICCS(국제민주시민연구)의 결과에서도 확인할 수 있다. 민주주의가 무엇인지 머리로는 잘 알지만 실천할 기회는 없다. 이것이 현실이다. 청소년에 대한 민주시민교육은 여전히 교과서적인 수준에 머물러 있다. 실천적이고 경험적인 교육이 필요하다. 그나마 청소년 참여활동이 교과서 밖에서 민주시민성을 경험할 기회를 열어 주었다. 물론 저변은 더 넓어져야 하며, 민주시민성에 대한 이해의 폭도 넓어져야 한다. 선거권과 피선거권 연령이 18세로 낮아졌고 16세에 정당 가입이 가능해졌지만 이것으로 민주시민교육이 완성된 것은 아니며, 설사 선거권 연령이 더 낮아져도 마찬가지다. 청소년이 저마다의 정치적인 견해를 지니고 행동할 수 있다는 신념을 갖게 하는 것이 중요하다. 정책을 제안하고 정치적인 견해를 주장하는 것을 넘어 일상적인 참여가 가능해야 한다. 청소년이 일상에서 접하는 문제에 대해 입장을 피력하고 행동할 수 있도록 해야 한다. 교과서적인 민주시민교육이 아닌 자신을 둘러싼 일상의 문제를 생각하고 행동할 수 있어야 한다. 울리히 벡이 말하는 이른바 '자유의 아이들'이란 일상의 정치에 관심을 두고 참여하는 청소년 시민을 가리킨다.

이제 세계가 그레타 툰베리를 단순히 기후변화에 관심이 있는 청소년이 아니라 환경운동가로 인식하기 시작했다. 미래의 시민이 아니라 지금 당장 오늘의 시민이어야 한다. 이것이 가능하다는 것을 툰베리가 보여 주었다. '내가 툰베리다'라는 인식의 확산 그리고 제2, 제3의 툰베리의 등장이 필요하지만, 이미 세계 곳곳에는 적잖은 툰베리가 있다. 환경문제를 넘어서 보자면, 이미 우리의 근현대사 속에서도 툰베리를 보아 왔으며, 지금도 곳곳에서 툰베리를 만날 수 있다.

청소년정책에서 끊임없이 '청소년의 참여'가 강조되는 가운데 한국청소년정책연구원도 관련된 여러 연구를 수행해 왔다. 각종 선거 때마다 그리고 촛불시위 등 청소년이 사회문제에 참여할 때마다 청소년의 정치적 인식과 행동에 대한 조사와 연구를 진행했고 청소년참여기구에 대한 연구와 더 폭넓은 사회참여 연구도 진행해 왔다. 또한 청소년의 참여활동 프로그램을 직접 운영하였고, 최근에는 '10대 연구소'나 '청소년 목소리 포럼'을 운영함으로써 청소년 참여활동을 선도하는 활동도 하고 있다. 2021년에는 서울에서 개최된 제2회 P4G 행사의 특별 세션으로 국내외 청소년들이 참여하는 '청소년 목소리 포럼'을 개최하기도 했다.

이 책은 한국청소년정책연구원의 연구원들이 지금까지 수행한 청소년 참여활동과 관련 연구 결과를 담았다. 연구보고서를 좀 더 대중적인 감각으로 엮어 내려는 노력이 담긴 이 책을 통해서 청소년 참여의 필요성에 대한 공감대가 더 확산되기를 바란다.

2022년 2월

한국청소년정책연구원장 김현철

머리글

청소년 시민을 응원하며

2020년은 청소년 참여의 역사에서 매우 뜻깊은 한 해였다. 2019년 말 선거법이 개정되면서 역사상 처음으로 18세 청소년이 투표에 참여할 수 있게 된 것이다. 이해에 치러진 21대 국회의원 선거에서 많은 청소년이 매우 긴장되고 설레는 마음으로 투표장으로 향하였다. 언론 또한 18세 청소년의 표심에 많은 관심을 기울였고 청소년 유권자의 정치적 생각과 의견을 대중에게 전달하려고 노력하였다. 한 지역 방송사는 청소년을 패널로 참여시켜 이들의 목소리를 시청자에게 생생하게 내보내는 파격적인 모습을 보이기도 했다. 처음으로 투표권을 가진 고3 학생들의 생각과 의견을 묻는 뉴스 기사들이 자주 보도되었다.

사실 그동안 청소년의 제도적 참여는 매우 제한되었다. 하지만 2000년 이후 청소년 참여의 중요성이 부각되면서 청소년들이 여러 기구를 통해 자신들의 목소리를 내고 있다. 청소년특별회의, 청소년참여위원회, 청소년운영위원회, 청소년의회 등 청소년들이 생활 속 정치를 경험할 수 있는 여러 제도적 기구들이 운영되고 있다. 청소년들은 이러한 참여기구에서 활동하면서 직접 예산을 집행해 보고 정당활동을 하기도 하며 정책을 만들어 제안하기도 한다. 실제로 청소년들이 제안한 정책이 지자체의 청소년정책에 반영된 사례도 더러 있었다. 청소년들은 이러한 참여 과정을 통해 민주시민으로서의 자질과 능력을 기르고 시민의식을 함양할 수 있다. 청소년기에 다양한 참여를 경험하면 일부는 훗날 훌륭한 정치인으로 성장할 수 있을 것이다. 더 나아가 일찍 참여를 경험한 청소년은 성인이 되어서도 공공 이슈나 문제에 더욱 관심을 보이게 되고 투표에도 적극적으로 참여할 수 있다.

특히 최근에는 기후변화 등 환경문제에 관심을 기울이는 청소년이 증가하고 있다. 우리에게 잘 알려진 스웨덴 청소년환경운동가인 툰베리는 세계적인 명성을 얻으며 기후위기에 대응하여 범세계적 대처와 협력을 호소하는 그의 목소리는 많은 공감을 불러일으켰다. 이미 우리 주변에는 인권지킴이, 환경지킴이로 활동하는 청소년이 많이 있다.

이제 청소년 참여는 그 범위가 매우 넓어지고 있다. 전통적인 투표 참여 문제를 넘어서 지구가 직면한 환경문제, 인권문제, 동물보호 등 다양한 이슈에 대한 관심과 실천이 활발해졌다. 청소년들에게 참여는 더 이상 거창한 활동이나 목표가 아니다. 인터넷의 일상화로 온라인 청원이 활발해지면서 누구나 언제 어디서든지 쉽게 참여할 수 있는 길이 열렸다.

이런 상황에서 청소년 참여를 꾸준히 연구해 온 본 연구원은 청소년 참여의 의미를 살펴보고 다양한 청소년 참여 사례를 소개하기 위해 이 책을 기획하였다. 청소년 참여에 관심을 갖고 관련 연구를 꾸준히 해 온 연구원들이 저자로 참여하게 된 것이다.

이 책은 총 3부로 구성되었다.

1부에서는 청소년 참여 현황을 서술하고 청소년 참여 모델을 제시하였다. 1장은 18세 선거권 이후의 청소년 정치참여의 과제와 정책 방향을 제시한다. 2장은 2000년 두발규제반대운동부터 2020년 총선투표 참여에 이르기까지 청소년 참여의 흐름과 역사를 개관한다. 3장은 청소년 참여 모델의 기본 방향과 원칙을 제시한다. 저자는 프로젝트 기반의 참여활동, 청소년 중심의 의사결정, 청소년 참여의 실질적 영향력 확보를 기반으로 청소년 참여 모델을 제안한다.

2부에서는 청소년이 제도적으로 참여할 수 있는 참여기구의 현황과 사례를 제시하였다. 4장은 청소년특별위원회, 청소년운영위원회, 청소년참여위원회 등 제도적으로 보장된 청소년참여기구를 논의하고 있다. 5장은 지자체 청소년의회 사례를 집중적으로 들여다본다. 6장은 청소년참여위원회 사례를 구체적으로 제시한다.

3부에는 비제도적 청소년 참여의 다양한 사례가 담겨 있다. 7장은 시작된 변화, 몽실학교 등 청소년의 지역사회 참여 사례를 자세히 소개한다. 또한 핀란드 헬싱키의 청소년 사회참여 시스템인 루띠Ruuti에 대해서도 상세히 다룬다. 8장은 10대 연구소의 사례를 통해 청소년들이 자신의 문제 해결을 위해 직접 연구에 참여한 경험을 상세하게 소개한다. 9장은 최근 관심을 끌고 있는 기후변화위기에 대응하여 지구가 당면한 문제 해결을 위해 앞장서고 있는 청소년들의 목소리를 '2021 Youth Voice Festa for P4G' 사례를 통해 제시한다.

이 책의 장점은 무엇보다 풍부한 사례 분석에 있다. 청소년참여기구나 현황에 대한 실증적 데이터에 기반을 둔 심층적 분석을 통해 청소년 참여의 의미와 과제에 대해 고민할 수 있는 공론의 장을 마련하고자 하였다. 또한 청소년 시기 제도적, 비제도적 참여의 중요성과 의의에 대해 생각해 볼 수 있는 기회를 제공하고자 하였다.

아무쪼록 이 책이 청소년 참여에 대한 인식의 폭을 넓히고 청소년 참여의 중요성을 각인시키는 데 기여하기를 바란다. 아울러 청소년 참여가 미래 세대의 주역이자 미래 정치를 이끌어 갈 청소년들의 시민의식과 태도, 가치를 함양시킬 수 있는 중요한 활동으로 자리매김하기를 기대한다. 오늘도 자신들이 직면한 문제를 해결하기 위해 다양한 영역에서 활동 중인 청소년 시민을 응원한다.

저자를 대표하여

이창호

차례

3부 청소년 참여에 색을 입히다

1부
청소년 참여의 발자취 그리고 미래

1장
18세 청소년, 첫 투표권을 행사하다

이창호

18세 투표권이 갖는 의미는 무엇인가?

2019년 12월 말 공직선거법 개정으로 선거권 연령이 18세로 하향되면서 대한민국 역사상 처음으로 고3 학생을 포함한 18세 청소년들이 투표할 수 있는 시대가 열렸다. 선거권 연령 하향 후 2020년 4월 15일 21대 국회의원 선거가 처음으로 치러졌다. 당시 투표율은 66.2%를 기록해 20대 투표율 58.0%보다 훨씬 높았다. 2002년 4월 16일 이전 출생자에게 선거권이 부여됨에 따라 9만여 명의 고등학교 3학년생들이 투표할 기회를 얻었다. 우리나라의 선거권은 1948년 정부수립 당시 만 21세 이상이었으나 1960년 민법상 성인인 20세로 한 살 더 낮춰졌다.[김효연, 2018] 이후 2005년 선거법 개정으로 19세 이상으로 하향되고 2019년 말 드디어 18세로 낮춰지면서 선진국 대열에 합류하게 됐다.

18세 선거권 시대가 열리기까지 많은 사람의 노력이 있었다. 그동안 많은 시민단체와 청소년단체들이 선거권 연령 하향에 따른 참정권 확대를 줄곧 제기해 왔다. 전문가들 또한 청소년의 참정권 확대가 청소년 참여를 확대하기 위한 가장 중요하고 시급한 정책의제라고 강조하였다.[이혜숙·이영주, 2017] OECD 국가 중 19세 이상에게 선거권을 부여한 국가는 우리나라가 유일하다는 이야기도 활발하게 거론되었다. 세계적 추세와 흐름에 따라가기 위해서도 선거권 연령을 하향해야 한다는 목소리가 커졌다. 결국 18세 이상으로 선거권 연령을 규정하는 법이 개정되고, 얼마 지나지 않아 18세 청소년들은 소중한 한 표를 행사하였다. 일부 단체들은 학교가 정치화돼 학생들의 수업권이 침해될 것이라는 우려를 제기했지만, 코로나19의 영향으로 개학이 총선 이후로 미뤄지면서 우려한 상황은 벌어지지 않았다.

18세 투표권의 의미는 무엇일까?

첫째, 우리 사회가 청소년을 민주적 시민으로 인정하기 시작했다는 점을 강조하고 싶다. 그동안 청소년은 정치적으로 미성숙한 존재로 여겨졌다. 18세 청소년이 독자적으로 정치적 판단을 할 수 있을 만큼의 역량을 충분히 갖추지 못했다는 것이 지배적인 생각이었다. 하지만 18세 청소년도 투표권을 가진 만큼 이들도 우리 사회의 당당한 시민으로서 역할과 권리를 갖게 되었다. 고3 학생을 포함한 만 18세 청소년들은 자신들의 지역을 대표하는 지도자를 뽑고 대통령도 선출할 수 있다. 아울러 정당에 가입하여 활동하는 것도 가능해졌다. 이제 청소년들은 자신들이 처한 문제뿐 아니라 사회 공동체가 직면한 이슈들을 해결해 나갈 수 있는 시민이자 정치적 주체로 자리 잡았다.

둘째, 정치인들이 청소년의 목소리에 관심을 보이기 시작했다는 점도 18세 투표권이 지닌 중요한 의미이다. 사실 청소년에게 투표권이 부여되기 전만 하더라도 정치인들은 청소년보다는 노인이나 청년에 더 많은 관심을 보였다. 하지만 21대 국회의원 선거 때는 많은 후보가 청소년의 표심을 잡기 위해 청소년 관련 공약을 내놓았다. 비록 청소년의 표를 얻기 위한 공약들이 다소 부족한 점은 있었지만, 정치인들도 이제는 청소년의 요구나 주장을 무시할 수 없는 상황에 놓였음이 분명해 보인다. 향후 치러질 여러 선거에서 청소년의 지지를 얻기 위한 정당과 정치인들의 경쟁이 치열해질 것으로 예상된다.

셋째, 청소년이 정치에 관심을 가질 수 있는 발판을 마련했다는 점에서 18세 투표권의 의의를 찾을 수 있다. 투표권을 가진 후 정치에 관심이 생겼다고 말하는 청소년이 많다. 즉 누군가를 선출할 수 있는 권리를 지녔기 때문에 후보자의 공약을 꼼꼼히 따져 보고 투표할 대상을 정할 수 있다는 것이다. 물론 투표권을 갖기 이전에도 청소년의 정치참여는 다양한 형태로 이뤄져 왔지만, 한국적 상황에서 청소년들이 집회나 시위에 참여한다는 것은 아직도 쉽지 않은 일이다. 투표권 획득으로 청소년들은 합법적으로 국가의 지도자를 선출할 수 있는 자격을 지니게 됐고 민주주의의 꽃이라 불리는 선거에서 소중한 한 표를 행사할 수 있게 됐다. 선거는 시민이 정치에 참여할 수 있는 합법적인 수단이기 때문에 제도적 참여로 분류된다. 따라서 선거에서 투표를 하는 것은 사회적 제약이 거의 없는 정치적 참여 행위라 볼 수 있다. 현재 서구 사회는 청소년의 낮은 투표율 때문에 골머리를 앓고 있다. 이러한 전철을 밟지 않기 위해서라도 청소년이 정치에 관심을 갖게 하는 노력이 무엇보다 중요할 것이다. 정치적 관심은 곧 투표 참여로 이어질 가능성이 매우 크기 때문이다.

[그림 1-1] 18세 선거권을 다룬 기사 건수 추이
(2020년 1월 1일~2020년 4월 15일, 주간 단위)

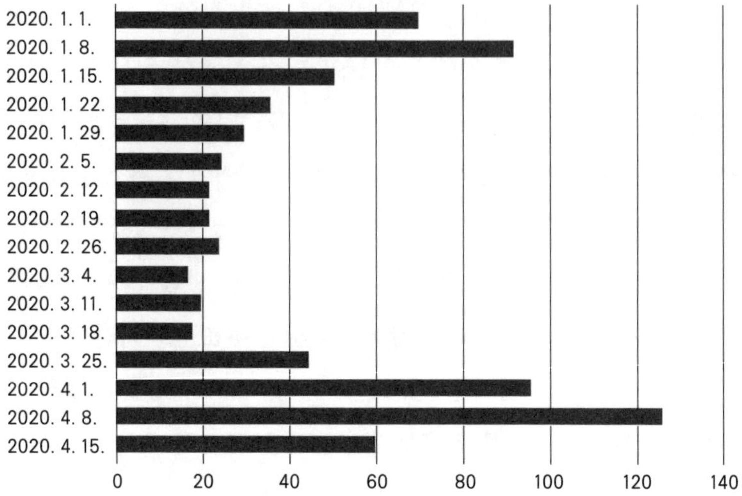

한국언론진흥재단이 제공하는 빅카인즈를 통해 2020년 1월 1일 이후부터 4월 15일 국회의원 선거일까지 '18세 투표권'을 다룬 기사의 추이를 주간 단위로 살펴보았다. 선거권 연령이 18세로 하향된 이후 1월 둘째 주 기사는 92건에 달했다. 하지만 이후 꾸준히 감소하다가 공식적인 선거운동이 시작될 즈음인 4월 첫째 주에 96건을 기록하였다. 4월 둘째 주에는 가장 높은 126건을 기록하였다. 즉 선거 막바지에 18세 청소년 유권자에 대한 언론의 관심이 급증한 셈이다.

무산된 학교 모의선거, 하지만 외국은 실시

선거권 연령 하향으로 일부 교육청들은 학교에서 모의선거 교육을 실시하려는 움직임을 보였다. 가령, 서울시교육청은 총선 전에 초, 중, 고교 40개 학교에서 모의선거 교육을 하려고 추진했으나 중앙선거관리위원회가 이를 허락하지 않았다. 중앙선거관리위원회2020는 교육청 주관하에 학생들을 대상으로 실제 정당이나 입후보자를 놓고 실시하는 모의투표가 공직선거법에 위반될 수 있다며 청소년 대상의 모의투표를 허용하지 않기로 했다.

우리 사회와 달리 독일 등 선진 국가들은 학교에서의 모의선거를 장려하고 있다. 독일의 경우 청소년모의선거는 연방 총선이나 주의회 선거와 같이 중요한 선거가 있기 7일 전부터 실시되며 실제로 출마한 후보자와 정당을 대상으로 이뤄진다.김요섭 외, 2020 모의선거에 참여하는 학교는 약 한 달간 후보자 공약집과 토론회 등을 바탕으로 수업을 진행한다고 한다.

핀란드에서도 1960년대에 청소년모의선거가 처음 실시된 이후 1995년부터는 전국 단위의 청소년단체연합 주관으로 의회선거, 지방선거 등 주요 선거가 있을 때마다 모의선거를 실시하고 있다.서울시교육청·서울시교육청교육연구정보원, 2020 모의선거 결과는 공영방송 시사 프로그램을 통해 생중계되며 주요 언론사들이 그 결과를 자세히 보도한다고 한다. 청소년선거 외에 학교와 협력하여 진행되는 선거 패널 토론회도 학교에서 활발하게 진행된다. 여기에는 후보자와 정당 관계자들이 초청된다.

캐나다의 학생투표 프로그램은 실제 선거 기간 동안 실제 후보자들을 대상으로 학교에서 실시되는 모의선거 프로그램으로 캐나다 선거관리기구의 협조하에 실시되고 있다.[송수환, 2016] 최종 투표 결과는 실제 선거 결과가 발표되는 시점에 언론을 통해 공개된다고 한다. 이 프로그램에 참여한 학생들은 정치와 선거 과정에 대한 지식 수준이 향상됐으며 부모와의 정치토론 기회도 늘어난 것으로 나타났다. 또한 정치 관심이 높아졌으며 투표가 시민의 의무라는 인식에 대한 긍정적 효과도 있었다.

청소년들은 모의선거 교육이 그들의 정치참여를 강화하고 정치효능감을 높이기 위해 꼭 필요한 교육이라고 강조한다. 우리도 하루빨리 모의선거 교육이 일선 학교현장에서 뿌리를 내렸으면 한다.

● 학교 밖 모의선거

학교 안에서 이뤄지는 모의선거는 허용되지 않고 있지만 학교 밖에서 실시하는 모의선거는 가능하다. YMCA 전국연맹은 2017년 5월 실제 대통령 선거와 동일한 방식으로 사전 선거와 본 선거를 청소년을 대상으로 실시하였다. 온라인과 오프라인을 통해 진행된 모의투표에 청소년 51,715명이 참여하였으며 온라인 투표는 43,617명, 오프라인 투표는 8,098명이었다. 모의투표 결과 1위는 문재인 후보(39.14%)가 차지했으며, 2위는 심상정 후보(36.02%)였다. 청소년들은 청와대를 방문하여 당선증을 전달하는 행사를 갖기도 했다.

이 단체는 2020년 국회의원 선거 때도 실제 선거와 동일한 방식으로 모의선거를 진행하였다. 코로나19의 영향으로 투표에 참여한 청소년은 8,214명에 불과하였다. 비례정당투표 결과 1위는 더불어시민당(35%)으로 나타났고, 2위는 정의당(14.3%), 3위는 미래한국당(12%)이었다.

_출처: YMCA 전국연맹 홈페이지

18세 유권자의 투표 기준 및 선거활동

선거권 연령 하향으로 사회의 관심은 18세 청소년 유권자들이 어떤 기준으로 후보자를 선택할지에 쏠렸다. 이와 관련해 몇 가지 조사 결과가 흥미를 끈다.

먼저 교복생산업체인 형지엘리트가 10대 청소년 498명을 대상으로 조사한 바에 의하면, 응답자들은 국회의원 후보자 선택 기준으로 지역을 위해 일해 온 사람(28%), 소통을 잘하는 사람(22%), 거짓말을 하지 않는 사람(19%), 희생정신이 투철한 사람(17%), 전문성을 갖춘 사람(8%) 순으로 답하였다.[에듀동아, 2020. 3. 17.] 전문성보다는 소통 능력이나 도덕성을 더 중요하게 고려하는 셈이다. 국회의원 하면 떠오르는 이미지로는 비리, 횡령 등 범죄에 연루돼 뉴스에 등장하는 모습이 31%로 가장 많았고, 국회의원끼리 헐뜯고 욕하는 모습이 19%로 뒤를 이었다. 즉 청소년이 바라보는 국회의원에 대한 이미지는 매우 부정적이었다. 국회의원 후보자에게 바라는 공약으로는 소년법 폐지가 26%로 가장 높았고, 대학까지의 무상교육과 저소득층 장학금 지원(19%), 대학입시제도 개편(18%) 순이었다.

정부출연연구기관인 한국청소년정책연구원2020은 21대 국회의원 선거에서 투표한 고3 학생 300명을 대상으로 온라인 설문조사를 했다.[1] 유권자들은 이번 국회의원 선거 때 후보자가 제시한 공약(42.0%)을 기준으로 특정 후보를 가장 많이 선택한 것으로 조사됐다. 이어 후보자가 속한 정당이 27.7%를 차지했고, 후보자의 청렴성도 11.7%의 응답을 얻었다. 즉 후보자를 선택할 때 정당보다는 공약을 택한 경우가 훨씬 많았다. 이는 청소년들이 후보자들이 제시한 공약을 꼼꼼히 살피고 투표했을 가능성을 암시한다.

[그림 1-2] 후보 선택 기준(%)

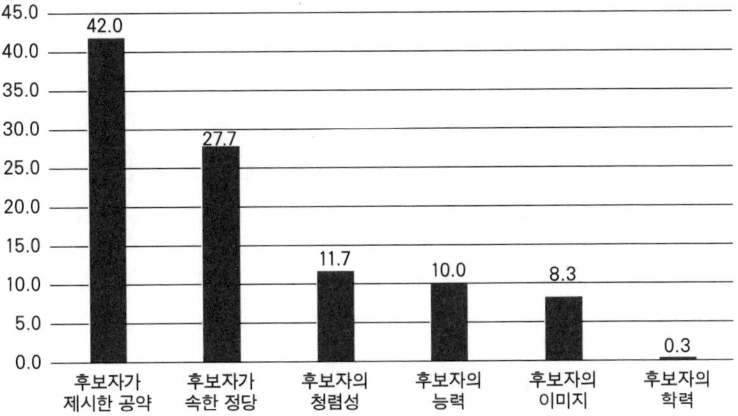

아울러 한국청소년정책연구원은 선거 기간 동안 청소년들이 선거활동에 어느 정도 참여했는지 조사하였다. 선거활동 경험 중에는 친

1. 자세한 내용은 "이창호(2020), 「선거법 개정에 따른 청소년정책 및 활동 지원 방안 연구」, 세종: 한국청소년정책연구원"을 참조 바람.

구나 가족 등 주위 사람들에게 투표 참여를 권유하는 활동이 전체의 40.3%로 가장 높았다. 정당이나 후보자의 웹사이트나 SNS 등을 접속하는 활동도 34.7%가 한 것으로 나타나 많은 청소년 유권자들이 후보자나 정당의 정책을 찾기 위해 관련 사이트를 방문했음을 알 수 있다. 반면에 선거자원봉사활동, 후원활동, 정치집회나 연설 참가 등 오프라인 정치참여는 매우 저조하였다. 이는 2020년 우리 사회에 확산된 코로나19 위기 상황과도 관련이 있어 보인다. 즉 면대면 접촉이 줄어들다 보니 오프라인 선거활동 및 참여가 잘 이뤄지지 않았다. 하지만 온라인상에서 특정 후보를 지지하거나 비판하는 글을 올리고 선거 관련 정보를 퍼 나르고 공유하는 활동 등도 활발하지 않은 것으로 조사됐다. 처음으로 선거권을 가진 만큼 친구들에게 투표 참여를 권유하는 활동이 가장 활발했다고 볼 수 있다.

[그림 1-3] 선거활동 경험(%)

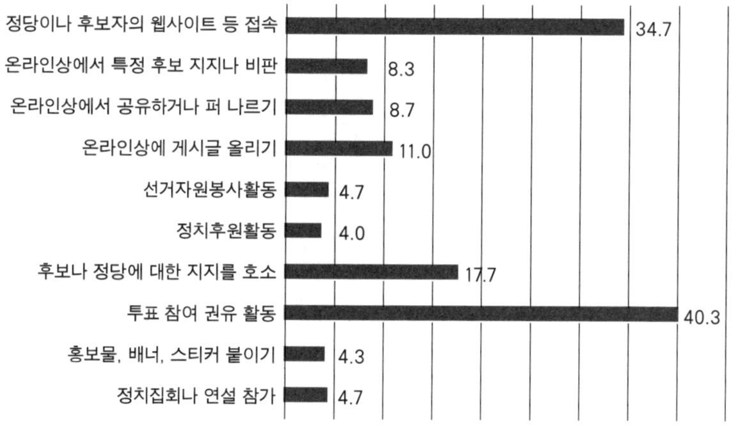

선거 기간 후보자들이 고등학교를 방문하여 지지를 호소하는 일이 잦았다. 특히 졸업식이나 입학식 때 방문이 많았다. 이러한 행위는 현재의 법 체계하에서는 합법적인 선거활동이다. 이와 관련해 학생들의 의견을 물었는데, 흥미롭게도 학생들은 학교 안에서 후보자들의 선거운동이 이뤄지는 것에 대부분 반대하였다. 단지 21.3%가 학교 안에서 후보자가 명함을 배포하거나 지지를 호소하는 행위가 허용되어야 한다고 답했고, 학교 안에서의 후보자 연설 행위에 대해서도 24%만이 긍정적인 입장을 보였다. 학교 안에서의 후보자 초청 간담회 역시 31.0%가 허용되어야 한다고 응답했다. 이처럼 고3 유권자들은 학교 안에서 이뤄지는 후보자들의 선거운동에 매우 부정적인 입장을 나타냈다.

[그림 1-4] 학교 안에서의 선거운동 허용 응답률(%)

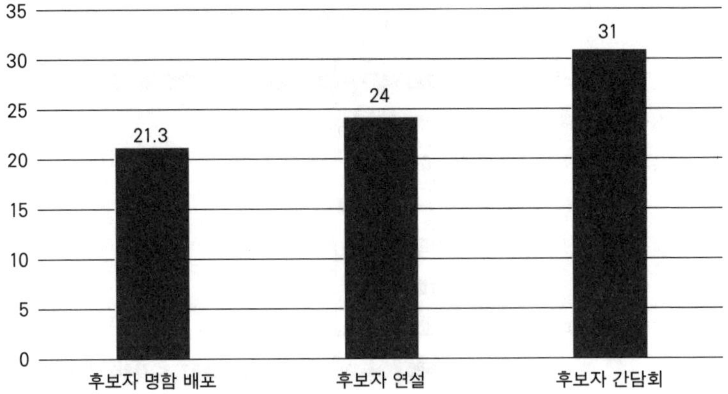

학생들은 학교가 배움의 공간이라고 생각해 정치인들이 드나드는 것에 대해 어느 정도 반감을 느끼는 듯하다. 정치인들의 학교 출입에

관해서는 교육청, 중앙선거관리위원회, 정당 등 관련 기관들이 모여 일정한 원칙을 정하는 것이 매우 필요해 보인다.

18세 청소년의 투표 경험담

필자는 2020년 7월 말 '18세 투표권의 의의와 과제'란 주제로 집담회를 개최하였다. 당시 대학생 2명이 초대되었는데 이들의 21대 총선 투표 경험담을 소개하고자 한다.

한 학생은 21대 국회의원 선거가 첫 투표여서 매우 떨렸다고 말했다. 긴장을 많이 하고서 투표했고 선거 절차가 생각보다 복잡했다고 이야기했다. 부모와 같이 투표장으로 갔고 첫 투표를 기념하여 인증샷도 찍어 SNS에 올렸다. 하지만 너무나 많은 정당 때문에 비례정당을 정하지 못한 채 투표하는 바람에 당황스러웠다고 한다. 선거 전에는 부모와 선거에 대해 자주 이야기를 했고 집으로 배달된 선거 홍보물을 참조했다. 이 학생은 고등학생 때 사회과학동아리 활동을 하면서 자신이 속해 있는 구의 청소년 공약을 조사한 경험이 있다. 그런데 청소년 공약이 하나도 없는 것을 보고 청소년의 이야기를 반영해 줄 통로가 필요하다고 생각해 청소년 투표권 캠페인을 시작했다고 한다. 이 학생은 청소년의 정치참여 활성화 방안으로 가까운 구의회를 견학하여 방청하는 것이 필요하다고 역설했다. 즉 학교의 자치활동 시간을 활용하여 청소년 시기부터 정치에 노출될 수 있어야 한다는 것이다. 그만큼 학생 시절의 정치에 대한 관심이 중요하다는 이야기였다.

또 다른 학생은 어렸을 때부터 신문활용교육을 받아서 평소에 신문이나 뉴스를 많이 봤다고 한다. 이 학생은 후보자의 정책 노선을 참고하여 투표했고, 투표 절차를 미리 찾아봐서 투표하는 게 어렵지 않았다고 한다. 부모가 같이 가자고 권유해서 함께 투표장에 갔다. 그는 정치를 주제로 또래와 이야기하는 것이 절대 쉽지 않다고 강조한다. 정치가 너무 어렵고 복잡하다 보니 청소년들이 정치에 진입하기가 쉽지 않다는 것이다. 게다가 현실적으로 학교에서는 정치보다 입시를 우선시한다. 이 학생은 뉴스를 보다 모르는 내용이 있으면 부모에게 물어보는 편이고, 정치적인 정보를 얻기 위해 방송과 포털 뉴스를 많이 본다. 그는 정치가 학교에 끼어들기 위해서는 입시제도를 바꿔야 한다고 주장했다. 아울러 정치참여와 관련한 학생의 자치활동을 생활기록부에 적극적으로 기입해야 한다고 강조했다.

많지 않은 사례지만 두 학생의 이야기에서 몇 가지 흥미로운 점을 발견할 수 있다. 첫째, 청소년기의 정치 관련 활동이 정치참여에서 매우 중요하다는 것이다. 정치 관련 동아리 활동을 하거나 신문활용교육에 참가함으로써 시사적인 정보나 이슈에 관심을 가질 수 있고 이는 곧 다양한 형태의 정치참여로 이어질 수 있다. 둘째, 청소년의 정치사회화에 부모의 역할이 매우 중요하다는 것이다. 사실 청소년들이 또래와 정치적인 문제에 관해 심도 있는 논의를 하기란 쉽지 않다. 청소년에게 정치는 여전히 어렵고 복잡한 문제일 수 있지만, 부모의 경우는 사정이 다르다. 작금의 청소년 세대의 부모들은 청년 시절에 이미 민주화를 경험한 세대이다. 따라서 정치에 관심이 많고 정치적인 참여에 대한 경험도 풍부하다. 이런 상황에서 청소년들이 부모와 정치에 대해 자주 이야기를 나누는 것은 긍정적인 측면이 많다.

청소년들의 첫 투표 경험에 관한 이야기를 통해 청소년 시기 정치 관련 활동을 하고 경험을 쌓는 것이 매우 중요하다는 것을 알게 되었다.

● 18세 청소년 투표 소감

처음으로 책임감 가득한 투표를 하였다. 물론 지금까지 행사한 투표에 책임감이 없었다는 것은 아니지만, 이번 투표는 학습이나 청소년운영위원회 자치회의에서의 투표를 넘어 자그마치 내가 살아가고 있는 나라의 중요한 결정을 처음 하는 것이기에, 신중하고 진지하게 임할 수밖에 없었다. 하지만 청소년들의 투표권에 대하여 어른들은 우려를 많이 하시는 것 같다. 주변에서조차 "부모님이 찍으라는 사람 찍어", "청소년인데 무슨 투표냐. 아직 어려서 아무것도 모른다" 등의 반응이었다.

과연 청소년이라고 제대로 판단하지 못한 채 투표를 할까? 물론 아직 배울 게 많은 나이인 것은 맞지만, 청소년 또한 스스로 한 행동에 대하여 책임을 다하기 위해 노력한다. 나만 하여도 후보와 정당의 정책들을 꼼꼼히 살펴보며 내 한 표에 신중을 기하였다. 2022년 대통령 선거와 지방자치단체 선거를 맞이할 텐데, 이때에도 청소년들이 한

표 한 표에 책임과 무게를 느끼며 함께 참여했으면 하는 바람이다.

_최윤서(고등학교 3학년, (재)가톨릭아동청소년재단 청소년운영위원회 12기 운영위원, 출처: (재)가톨릭아동청소년재단 발간 〈맑음〉 소식지 17권.

18세 청소년 투표율은?

중앙선거관리위원회는 2020년 11월 21대 국회의원 선거 투표율을 발표했다. 전체 투표율은 66.2%로 나타났으며 18세 투표율은 67.4%로 20대 58.7%, 30대 57.1%에 비해 높았다. 하지만 60대(80.0%), 70대(78.5%) 투표율과는 차이가 많았다. 생애 첫 투표를 행사한 만큼 많은 청소년이 투표에 참가했음을 알 수 있다.

[그림 1-5] 21대 국회의원 선거 투표율(%)

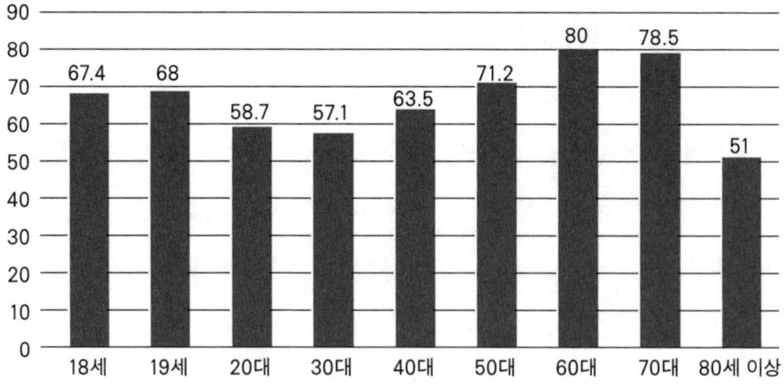

출처: 한국일보, 2020. 11. 22.

20대 국회의원 선거 투표율은 아래와 같다. 이때 19세 투표율은 53.6%였고 30대가 50.5%로 가장 낮았다.

[그림 1-6] 20대 국회의원 선거 투표율(%)

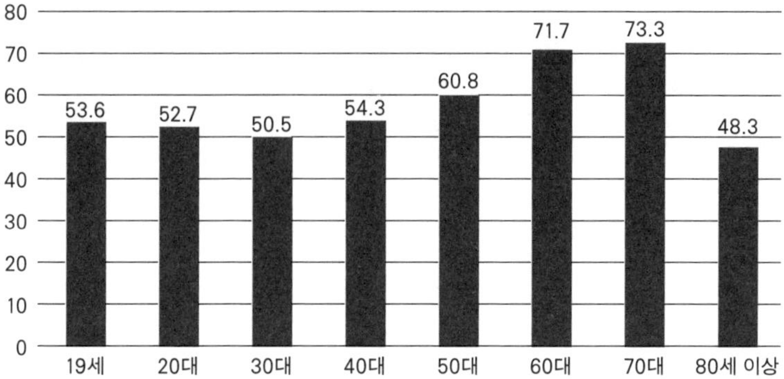

출처: 중앙선거관리위원회 보도자료(2016. 7. 4), 제20대 국회의원 선거 투표율 분석 결과 공개.

청소년 정치참여 사례

21대 국회의원 선거를 앞두고 일부 청소년기관은 청소년들이 주도적으로 정책을 만들어 후보자들에게 제안하는 실천활동을 전개하여 눈길을 끌었다.

군산에 위치한 청소년자치연구소는 선거 기간 동안 청소년들이 직접 정책을 만들고 이를 지역의 후보에게 전달하는 과정을 통해 정치참여 기반을 스스로 마련했다. 이들은 먼저 청소년정책 참여 TF를 구성했다. 이후 지역에 있는 13~23세 청소년 291명을 대상으로 설문조사를 하여 정치, 교육·인권, 복지, 청년 관련 정책 영역에서 청소년들에게 필요한 정책 공약을 조사했다.

[그림 1-7] 청소년 정치참여 과정

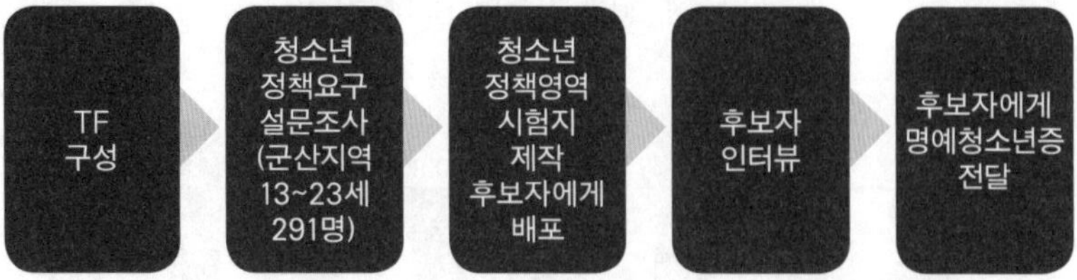

출처: 청소년자치연구소(2020. 5), 청소년이 상상하는 행복한 대한민국, 3~4쪽을 토대로 필자가 구성함.

청소년들이 바라는 주요 영역에서의 정책은 다음과 같다. 즉 청소년 관련 예산을 확대할 것, 교육기본수당을 지급할 것, 버스, 지하철 등 대중교통 이용요금을 무료로 할 것 등을 주요한 정책으로 제안했다.

[표 1-1] 4·15 총선에 바라는 청소년정책

정치 영역
• 청소년 관련 예산 확대 • 교육감 투표권 부여
교육/인권 영역
• 동아리 등 학생자치활동 확대 • 교육기본수당 지급
복지 영역
• 버스, 지하철 이용요금 무료 • 청소년 전용 문화체육 공간 설립
청년 영역
• 지역형 청년 일자리 증대 • 학자금 대출이자 면제

출처: 청소년자치연구소(2020. 5), 청소년이 상상하는 행복한 대한민국.

여기서 나온 공약을 토대로 후보자들에게 수능시험지 형태로 의견을 묻고 이를 바탕으로 후보자들을 직접 찾아가 이들과 인터뷰를 했다. 설문조사 결과와 후보자들과의 인터뷰 내용은 지역 언론에 소개돼 큰 반향을 일으켰다. 후보자들도 자연스럽게 청소년정책에 관심을 갖게 되었고 관련 공약을 내세우기도 했다.

안양시 동안청소년수련관의 경우도 2013년부터 'Youth 아고라'라는 지역사회 청소년 참여 모델을 운영하고 있다.진선미의원실·한국청소년정책연구원·선거연수원·한국사회과교육학회, 2020 관내 청소년 누구나 지역사회의 문제를 해결하기 위한 정책 제안 과정에 참여할 수 있으며 사전 교육과 전문가 멘토링을 통해 정책 아이디어를 발굴하게 된다. 이렇게 발굴된 정책들은 청소년들의 투표를 거쳐 최종적으로 의제화되고 이후 정책담당관이나 시의원과의 만남을 통해 청소년들이 제안한 정책이 지방자치단체의 운영에 반영되거나 실현될 수 있는 과정을 밟는다.

이러한 정치참여 과정은 청소년 스스로의 노력으로 이뤄진 것이어서 매우 값지다. 누군가의 지도에 따라 타율적으로 움직이지 않고 스스로 기획하고 실행하는 자기주도적 활동은 이미 청소년 활동에서 주류가 되고 있다. 이처럼 청소년의 정치참여도 스스로 준비하고 시행착오를 겪으면서 발전해 나가는 과정을 거쳐야 값진 경험이 될 수 있을 것이다.

18세 선거권 이후의 과제

18세 선거권 이후 우리 사회는 무엇을 준비해야 할까?

무엇보다 학교에서의 선거교육이 강화되어야 한다. 21대 국회의원 선거 때는 코로나19라는 특수한 상황 때문에 학교에서 선거교육을 실시하기가 거의 불가능했다. 고3 학생들은 4월 9일 온라인 개학이 이뤄졌고 5월 20일부터 비로소 등교하기 시작했으므로 학교에서 선거교육을 할 시간이나 여유가 없었다. 선거 시기에만 맞춰서 교육할 것이 아니라 평소 수업시간을 활용해 선거교육이 상시적으로 이뤄져야 한다. 사회 교과목에 정치참여에 관한 내용이 있는데 이때 선거의 의미나 역사, 선거 절차 등을 상세히 가르칠 필요가 있다. 18세인 고3 학생들도 나라를 이끌 지도자를 선출한 권리를 가진 만큼 예전보다는 투표에 대한 관심이 매우 클 것으로 예상된다. 어떻게 투표를 해야 하는지, 후보자들의 공약을 어디서 찾을 수 있는지 등을 꼼꼼하게 학생들에게 알려 주어야 한다. 또한 어떤 선거활동이 합법적이고 불법적인지를 구분할 수 있도록 해야 한다. 학생들은 창의적 체험활동 시간에 직접 지역 문제를 조사하고 이를 바탕으로 지역사회의 공약을 만드는 과정도 체험해 볼 수 있다. 이 같은 과정을 통해 정치에 관심이 생기고 이는 곧 투표 참여로 이어질 수 있다.

수업시간에 정치토론을 활성화하는 것도 중요하다. 주입식 교육으로는 학생들이 정치적인 지식을 습득하기에 바쁘고, 정치적인 문제나 이슈에 대해 논의할 기회가 매우 부족한 상황이다. 더구나 교사의 정치적 중립성 때문에 학교 안에서 정치적인 논쟁을 벌이기가 쉽지 않은 실정이다. 그럼에도 불구하고 정치적 토론 과정 참여는 정치 참여에서 매우 중요한 요인이다. 토론을 통해 자신의 정치적 판단이 올바른지 확인할 수 있고 자신의 주장과 다른 정치적 견해를 접함으로써 이견을 수용할 수 있는 관용적 태도도 함양하게 된다. 그러므로 학생들이 공공의 이슈나 문제, 지역사회의 문제 등에 관해 충분히 숙고하고 토론할 기회가 많이 제공되어야 한다.

만 18세 청소년에게 선거권이 부여되면서 이들에 대한 언론의 관심이 무척 높았다. 일부 언론은 사상 처음으로 투표에 참여하는 이들이 어떤 정치적 성향과 정치적 의식을 지니고 있는지 보도했다. 또한 투표를 앞둔 18세 청소년의 목소리가 여러 지면에 실렸다. 하지만 18세 청소년들에 대한 언론의 관심은 전반적으로 적은 편이었다. 특히 KBS를 비롯한 공영방송의 역할은 미미했다. 국내의 경우 학교에서 모의선거가 이뤄지지 않았지만 YMCA를 비롯한 학교 밖 청소년 단체에서는 모의선거가 활발히 진행되었는데, 이를 보도한 주요 언론은 거의 없었다.

18세 청소년의 목소리를 정책에 반영하기 위해서는 언론의 역할이 무엇보다 중요하다. KBS 시사 프로그램과 같이 비중 있는 프로그램에 청소년이 패널로 출연하여 자신들의 정치적 입장과 견해를 충분히 논의할 필요가 있다. 또한 청소년이 주체적으로 지역사회의 문제에 관심을 갖고 이를 해결하려는 모습도 방송에 담아내야 한다. 앞서 한 자치연구소의 사례에서도 드러났듯이, 지역 언론의 관심과 역할도 중요하다. 청소년정책에 대한 기성세대의 관심이 거의 없는 현실을 고려해 볼 때, 청소년 유권자의 관심과 이들의 목소리를 언론기관이 충분히 보도해야 정치권에서 청소년 문제나 정책에 관심을 가질 수 있을 것이다. 정당이나 후보자들이 제시하는 청소년 관련 공약이 얼마나 실천 가능한 것인지를 비판적으로 검토해서 보도하는 것도 언론이 추구해야 할 책임이다. 이처럼 공영방송이나 지역 언론이 제 역할을 해야 청소년들의 주장이 공론화될 수 있고, 청소년에 대한 기존의 시각이 많이 바뀔 것이다.

학교 내에도 청소년의 정치참여를 가로막는 요인이 많다. 촛불청소년인권법제정연대가 전국의 중·고등학교 533개를 대상으로 조사한 결과, 조사 대상의 54.8%가 정당 및 정치단체 가입을 금지하거나 정치활동을 허용하지 않는 학교 규칙을 가지고 있었다.[강재구, 2020. 3. 30.] 이런 상황에서 학생들이 학교에서 자신의 정치적 권리나 주장을 표현하거나 정치활동을 하기는 아직 쉽지 않아 보인다. 만 18세 청소년의 선거활동 및 정당활동이 법적으로 허용된 만큼 시대적 흐름에 맞게 학교 규칙을 개정해야 할 것이다. 학교에서 자유롭게 정치적 견해를 표명할 수 있는 여건과 환경을 만드는 일이야말로 청소년 정치참여의 초석을 다지는 일이다.

청소년은 자신들에게 실제로 도움이 되는 정책이 개발되고 실현되어야 정치에 대한 관심이 더 커질 것이다. 21대 국회의원 선거에서 청소년에게 실질적인 영향을 미칠 만한 공약을 내세운 후보자는 많지 않았다. 청년에 대한 사회적 관심이 높아지면서 청년에 관한 공약이 많이 쏟아졌다. 청년에 대한 정책이 청소년정책과 동떨어져 있지 않고 매우 밀접한 것은 사실이지만, 이제 투표권을 가진 청소년의 활동과 복지를 강화할 수 있는 공약이 많이 준비돼야 할 것이다.

2장
청소년의 목소리, 정치의 길을 열다

이창호

2000년 이후 청소년 정치참여 개관(2000~2020년)

2000년 이후 인터넷이 활성화되고 중요한 정치참여 수단으로 등장하면서 사회운동의 영역이 확장되고 운동 방식이나 조직 형태도 급격히 변화하였다.[홍일표, 2005] 이런 환경에서 청소년의 정치참여는 2000년 발생한 두발자유화운동 이후 활성화되었다. 이른바 학교붕괴 현상이 절정에 달했던 2000년 여름에 학생들은 교육 당국의 두발규제에 맞서 온라인과 오프라인에서 두발자유화운동인 'No-Cut' 운동을 전개하였다. 당시 두발제한에 반대하는 서명운동을 주도했던 조직은 '채널10', '아이두', '사이버유스' 같은 청소년 웹진이

[그림 2-1] 2000년 이후 주요 청소년 정치참여 현황

2000	2008	2014	2016	2020
두발자유화 운동	미국산 쇠고기 수입 반대	세월호 사건 집회	국정농단사건	21대 국회의원 선거 투표 참여

었다.김영지, 2000

모든 국민이 열광하던 2002년 월드컵 당시에 두 여중생이 미군 장갑차에 의해 깔려 사망하는 사건이 발생하였다. 하지만 미 군사법정에서 열린 재판에서 가해자인 미군 2명 모두에게 무죄 평결이 내려지자 이에 분노한 청소년들은 불평등한 한미군사협정을 개정하자는 목소리를 강하게 냈다. 특히 2008년 미국산쇠고기수입반대운동 때는 광우병에 대한 두려움이 증폭돼 많은 청소년이 자신들의 건강권을 지키기 위해 거리로 나왔다. 그해 4월 고등학생으로 알려진 한 네티즌이 포털사이트 다음의 아고라에 대통령 탄핵 온라인서명운동을 발의하면서 온라인에서 협상을 반대하는 네티즌들의 목소리가 확산되었다. 같은 또래의 고등학생 수백 명이 목숨을 잃은 2014년 세월호 사건 집회 때에도 많은 청소년이 거리로 나와 자신들의 안전을 제대로 지켜 주지 못한 무능한 정부에 대한 비판의 목소리를 쏟아 냈다.

2016년 국정농단사건은 성인뿐 아니라 많은 청소년을 거리로 나오게 만들었다. 그해 10월 이후 매주 촛불집회가 계속되면서 많은 청소년이 광화문광장을 메웠다. 이전의 집회 참여와 달리 사상 초유의 민간인에 의한 국정농단사건으로 청소년의 대통령에 대한 불신과 분노는 더욱 컸다. 가족들과 함께 집회에 참여한 청소년도 많았고 청소년단체가 직접 집회를 주도하는 모습도 눈에 많이 띄었다. 당시 청소년들은 선거권 연령을 만 19세에서 만 18세로 낮춰야 한다는 목소리를 어느 때보다 강하게 냈었고, 교육감 선거에도 직접 참여해야 한다고 목소리를 높였다. 청소년의 투표권 요구는 결국 2019년 말 공직선거법 개정으로 빛을 보았다. 수십만 명의 청소년 유권자들은 21대 국회의원 선거에서 생애 처음으로 투표권을 행사했다.

2000년 이후 청소년의 정치·참여 현황을 분석해 보면 몇 가지 특징이 발견된다. 먼저, 청소년의 참여를 촉진시킨 매체의 변화를 관찰할 수 있다. 2000년 두발자유화운동은 청소년 웹진으로부터 촉발되었으나 2008년 미국산쇠고기수입반대집회의 경우 인터넷카페가 중요한 역할을 했다.[배규한·이창호, 2008] 스마트폰이 보급되면서 소셜 미디어가 활성화되기 시작한 2010년 이후부터는 페이스북을 비롯한 소셜 미디어가 청소년들이 신뢰할 만한 정보를 얻는 주요 플랫폼이었다. 가족이나 학교 등 전통적인 정치사회화의 기제가 소셜 미디어를 토대로 한 대중매체로 이미 옮겨 갔던 것이다. 우리 사회에서는 영국이나 미국 등 선진 국가에 비해 실효성 있는 정치시민교육이 학교에서 거의 이뤄지지 않고 있다. 더구나 여전히 가부장제적 가족구조가 남아 있는 상황에서 가정에서 부모와 정치문제로 논의하고 대화하는 경우도 많지 않은 것이 현실이다. 이런 상황에서 탈제도화된 온라인 세계는 청소년들이 정치에 관한 정보를 얻고 정치에 관한 논의를 펼치는 공론장이 될 수밖에 없다. 결국 청소년의 정치의식 형성에 가장 영향을 미치고 있는 요인은 대중매체였다.[최호택·류상일, 2008]

광장에서 평화적으로 열린 촛불집회의 정착도 청소년 참여에 어느 정도 긍정적인 영향을 미쳤다. 예전의 폭력적인 시위와는 달리 2000년 이후 한국 사회는 비교적 평화적인 분위기에서 집회가 개최되었다. 질서정연하게 거리를 행진하고 법의 테두리 안에서 집회를 여는 모습은 광장정치라는 새로운 정치문화를 만들어 냈다. 허심탄회하게 자신의 주장을 이야기하고 집회에서 만난 모르는 사람과도 마음을 열고 정치적 이야기를 할 수 있는 분위기가 만들어진 것이다. 이러한 집회문화의 분위기와 환경은 청소년들이 큰 두려움 없이 거리집회로 나올 수 있도록 하는 동력이 됐다.

또 하나의 특징은 청소년 참여에서 제도적 참여가 중요하게 부각되고 있다는 것이다. 사실 청소년이 투표권을 가진 2020년 이전에 청소년 참여는 오프라인 정치참여가 주류를 이뤘다. 제도적 참여의 길이 막혀 있다 보니 청소년들은 주요 사안이 발생할 때마다 거리집회에 참여함으로써 정부 정책에 대한 목소리를 높였다. 이마저도 학교에서 불이익을 당할 수 있다는 우려와 사회의 곱지 않은 시선 때문에 쉽지 않았다. 하지만 이제 청소년들의 참여 가운데 제도적 참여가 매우 중요해졌다. 주요 선거가 있을 때마다 정치권이 청소년의 눈치를 볼 수밖에 없는 상황이 도래한 것이다.

미국산쇠고기수입반대운동

2008년 4월 17일 전격 타결된 한미 쇠고기 협상은 사상 유례없는 대규모 촛불집회의 불씨를 당겼다. 협상 타결과 동시에 온라인에서는 협상을 반대하는 네티즌의 목소리가 힘을 얻기 시작하였고, 그해 4월 29일 광우병의 위험성을 알리는 MBC 〈PD수첩〉의 방송은 미국산 쇠고기 반대 여론 확산의 기폭제 역할을 했다. 4월 30일에는 한 네티즌(ID명 안단테, 고2)이 포털 다음의 '아고라'에서 '미국 쇠고기 수입금지 특별법 청원'과 '이명박 대통령 탄핵 청원'을 개설했다. 대통령 탄핵 청원에는 100만 명이 넘는 네티즌이 서명에 동참했다. 이 외에도 미국산 쇠고기와 관련한 다양한 '청원'이 개설되고 이후 '청원'은 미국산 쇠고기 반대 온라인 운동의 하나의 형태로 자리 잡았다.

온라인상에서 급속도로 확산된 미국산 쇠고기 반대 여론은 오프라인 운동으로 연결되었다. 5월 2일 열린 첫 번째 미국산쇠고기수입반대 촛불문화제('안티 이명박' 카페 주최)에는 10대를 포함한 약 1만 명의 시민들이 참여했다. 이날부터 촛불집회의 현장 상황은 인터넷 실시간 방송 웹사이트인 아프리카를 통해 전국에 생중계되었다. 이후 뉴미디어 기술을 활용한 1인 미디어 방송은 기존 미디어를 제치고 촛불집회의 가장 중심에서 촛불집회 관련 여론을 형성하는 대안 매체로 급부상했다.

미국산쇠고기반대촛불집회는 5월 2일을 시작으로 개인 커뮤니티와 '광우병 국민대책회의' 주최하에 문화제 형식으로 거의 매일 열렸다. 촛불집회 초기에는 10대들이 핵심 참여 연령층을 형성했다. 청소년들은 인터넷을 통해 광우병과 관련한 다양한 정보를 수집하고 수집한 정보를 재생산하여 동일 연령층이 많이 모이는 인터넷 커뮤니티에 배포함으로써 온라인 결집력을 높이고, 휴대폰, 인터넷과 같은 뉴미디어를 활용하여 오프라인 결집력을 확장했다. 학계에서는 이전 세대에서는 볼 수 없었던 10대의 새로운 정치참여 양상을 '웹 2.0세대'와 같은 새로운 세대적 특징으로 보았다. 김호기[2008]는 2.0세대의 특징으로 ① 개인주의적이면서도 소통을 중시하는 열린 공동체 지향, ② 모바일과 인터넷을 자신의 표현 수단으로 삼는 이른바 '디지털 유목민', ③ 자아실현을 소중히 하는 '탈물질주의가치' 세대, ④ 부모인

'386세대'로부터 사회비판의식을 학습한 '격세유전'적 특징을 지닌 세대 등 네 가지를 들고 있다. 그는 청소년들은 누구나 정보를 생산하고 공유하는 웹 2.0 시대에 살고 있기 때문에 사이버 공간에서 쌍방향 커뮤니케이션을 통해 자아와 사회의식을 스스로 형성해 나가고 있다고 주장했다.

예상치 못한 시민들의 반대 여론에 당황한 정부 측은 미국산 쇠고기의 광우병 위험이 근거 없는 괴담 수준에 지나지 않는다는 입장을 고수하며 청와대 블로그 등을 통해 해명에 나섰지만 촛불문화제의 참여 인원은 날이 거듭될수록 증가 추세를 보였다. 시간이 흐를수록 이명박 대통령의 국정 수행 지지도는 거듭 하락했고, 이는 미국산 쇠고기 수입 문제에 대한 국민의 정부 불신이 심각함을 단적으로 보여주었다.

비폭력 촛불문화제를 통한 거듭되는 수입 반대 주장에도 불구하고 변하지 않는 정부 입장에 답답함과 조급함을 느낀 집회 참여 시민들은 5월 24일 '미국산 쇠고기 수입 반대' 주장에서 더 나아가 '대통령 퇴진'을 주장하며 광화문 일대 도로를 점거하기에 이른다. 이때부터 경찰과 시민의 대치는 더욱 심각한 양상을 보이게 되는데, 시민들은 자신들이 보유하고 있는 각종 다양한 뉴미디어 기기(휴대폰, 디지털카메라, 와이브로가 장착된 노트북 등)를 활용하여 집회 현장 상황을 인터넷으로 실시간 배포함으로써 전국적인 관심을 이끌어 냈다. 집회 기간이 길어질수록 집회 규모는 계속 증가했으며 참여 연령층 또한 점차 확장되었는데, 10대뿐만 아니라 20, 30대가 주축이 되어 집회가 진행되었다. 촛불집회 현장에서는 예비군 부대와 유모차 부대가 큰 인기를 끌었고, 깃발 부대로 불리는 다양한 온라인 커뮤니티들의 활동이 눈에 띄었다. 오프라인 반대 운동과 더불어 온라인 반대 운동 또한 활발하게 전개되었는데 조중동 광고 중단 및 불매운동과 한겨레, 경향신문 지지 운동이 그 대표적인 예라 할 수 있다.

2008년 5월부터 8월까지 약 4개월간 지속된 미국산쇠고기수입반대 촛불집회는 뉴미디어 기술의 영향으로 이전 시민운동과는 차별화된 모습을 보임으로써 전자민주주의의 미래를 예측할 수 있는 좋은 선례로 기억되고 있다. 청소년들의 적극적인 정치참여, 와이브로를 이용한 집회 현장의 실시간 중계, 비폭력주의 등으로 특징되는 당시의 촛불집회는 국내의 시민민주주의 발전에 큰 영향을 끼쳤다.

청소년의 촛불문화제 참관기[2]

필자는 촛불문화제에 직접 참여하여 청소년들의 이야기를 경청했다. 문화제 기간 내내 자유발언대에 등장한 청소년들 발언의 공통점은 먼저 청소년의 의사 표현을 무시하지 말라는 것이며, 자신들의 행동을 조종하는 배후가 있다는 것을 전적으로 부정하는 것이었다. 청소년의 의견을 존중해 줄 것과 이번 사태의 심각성을 정부와 청와대가 알아야 한다는 것을 지속적으로 이야기했다. 청소년들은 어른들

2. 자세한 내용은 "배규한·이창호(2008), 「청소년의 세대 특성 및 세대 간 소통 방식에 관한 연구: 2008년 촛불집회를 중심으로」, 서울: 한국청소년정책연구원"을 참조 바람.

에 비해 어조가 매우 직설적이며, 코믹한 어휘를 많이 사용했다. 특히 청소년들의 광우병에 대한 두려움과 공포는 매우 컸다. 광우병은 급식과 같은 먹을거리뿐만 아니라 생리대, 화장품과 같은 생활필수품에도 영향을 미칠 수 있다고까지 실제로 믿는 것 같았다. 학생들은 혹시 광우병 때문에 일찍 죽지는 않을까 하는 우려를 많이 나타냈고, "살고 싶다"는 간절한 바람을 표출했다.

다음은 자유발언대에서 나온 청소년들의 생생한 외침이다.

> "국민을 섬기는 정부라고 해 놓고는 미국을 섬기는 정부는 문제 있다. 촛불시위에 나오는 사람들에게 좌파, 빨갱이라고 말하는 정부는 이 문제의 배후는 정부 자신임을 알아야 한다. 정부 스스로가 영어 해석을 잘못해 놓고, 우리에게 영어 몰입 교육을 시키는 것은 잘못되었다. 학생이라서 논리적이지 못하고 감정적인 말만 하는 것일 수도 있지만, 지금의 정치인들보다는 옳고 그름을 잘 판단한다고 생각한다."
>
> _5월 14일, 10대 여학생 자유발언

> "6월에 있는 중요한 시험을 앞두고 여기 나온 심정이 착잡하다. 이명박 정부를 믿었건만 실망스럽다. … 정부의 영어 몰입 교육은 정부 자신들에게 해당하는 말이다. 중요한 협상 자료를 오역한 정부가 무슨 할 말이 있는가."
>
> _5월 14일, 10대 남학생 자유발언

“미국산 쇠고기를 먹고 광우병에 걸릴 확률이 로또 당첨되고 나서 벼락 맞을 확률보다 더 낮다고요? … 로또에 당첨되는 분이 많은 건 그만큼 로또에 당첨되고 싶어서 로또에 대한 수요가 많기 때문이고, 저희는 미국산 쇠고기가 들어오게 되면 그게 싸니까 당연히 수요가 높아지면 광우병에 걸리게 될 텐데 그런 확률에 비유하면 안 되죠.”

_5월 15일, 10대 여학생 자유발언

촛불문화제 기간에 10대들은 자유발언대를 통해 미국산 쇠고기 수입에 관한 자신들의 견해를 대담하게 표출했다. 청소년들의 자유 발언 속에는 쇠고기 수입으로 비롯된 정부 정책에 대한 불신과 현 정부의 영어 몰입 교육에 대한 실망감이 담겨 있었다.

촛불문화제는 비교적 질서정연하고 차분하게 진행됐으며, 율동이나 노래 등과 같은 문화적인 요소들도 많이 곁들여졌다. 5월 17일 개최된 촛불문화제에서는 중·고등학생들이 중심이 되어 소 분장을 하고 〈무조건〉이라는 노래에 맞춰 율동을 하였고, 광우병을 주제로 한 연극도 볼 수 있었다.

청소년들의 즉흥적 반응을 염려하는 목소리도 있지만, 많은 10대들이 이번 문화제에 참여하면서 교과서에서 배운 것보다 더 많은 것을 얻었다고 말했다. 촛불을 시민들에게 나눠 주거나 문화제가 끝난 뒤 현장에서 쓰레기를 치우는 청소년들을 많이 볼 수 있었다. 또한 현장에서 촛불문화제 참여자들의 안전을 관리하는 안전책임자의 역할도 서슴지 않았다.

이러한 현상은 그동안 한국 사회에서 미숙하거나 수동적인 존재로 취급됐던 청소년들이 스스로 자신의 삶을 구성하고 저항하는 합리적 주체이자 능동적인 행위자로 변화되고 있음을 보여 주기에 충분한 것이었다.정혜원, 2006

세월호 사건 집회 참여 청소년들의 이야기

2014년 4월 16일 476명의 승객을 태우고 인천을 출발해 제주로 향하던 세월호가 침몰하면서 304명이 사망하는 안타까운 사고가 발생했다. 사망한 사람의 상당수는 제주로 수학여행을 떠나던 단원고 학생들이어서 사회에 적잖은 충격을 줬다. 이 사건이 발생한 후 많은 청소년이 또래의 희생에 가슴 아파했고 적극적으로 학생들을 구조하지 않은 정부 당국에 분노를 터뜨렸다.

2014년 5월 9일 안산시고등학생회장단연합 주최로 안산화랑유원지에서 개최된 집회에는 300여 명의 청소년이 참가했다. 당시 필자는 8명의 청소년과 인터뷰를 진행했다. 청소년들은 국가가 자신들의 친구를 구하지 못한 데 대한 분노가 컸다. 또한 또래들이 목숨을 잃게 된 충격 여파로 일이 손에 잘 잡히지 않는 경우도 있었다.

> "이 사건을 보면서 많은 고등학생들이 배 침몰과 함께 다치거나 목숨을 잃은 게 안타까웠습니다. 일단 사람들을 먼저 구출해야 할 선장이나 관련된 사람들이 해야 할 도리를 하

지 못하고 먼저 살려고 도망쳤다는 게 참 어이가 없었습니다. 또 한편으로 MBC에서는 사망자나 부상자들의 보험금을 계산했다는 보도를 했는데 그것도 맘에 안 들었고요."

"전체적으로 봤을 때 정부에 대해 너무 화가 났어요. 정부의 무능한 대책이나 언론의 오보를 생각하니 너무 화가 났어요. 정부에 대해서 그리고 구조에 대해서도 분노했죠. 생명을 죽인 거나 다름없잖아요."

"같은 동갑이잖아요. 그리고 같은 안산에서 일어난 일이니까 더 마음이 아프죠. 같은 고등학교 친구의 친구고 그러니까 마음이 아프죠. (과정을 지켜보면서 들었던 다른 생각은?) 이번 사건이 자꾸 생각나 가지고 무슨 일을 잘 할 수가 없어요. 저희 엄마도 만약에 우리 학교였으면, 우리 딸이 저 학교였으면 상상도 못 한다고 그랬을 정도죠."

"일단 저는 너무 분노했어요. 그리고 슬퍼요. 그런데 이것을 어떻게 할 수 있을까? 과연 나 혼자 애도하고 분노하는 것만으로 이 사태가 해결될 수 있을까? 그건 아니잖아요. 그래서 청소년들도 무엇인가 할 수 있다는 것을 보여 주고 또 그들과 만나서 이야기를 하고 좋은 사회로 나아가기 위한 방법을 모색하는 그러한 일을 해야 할 것 같아 집회에 나오게 됐어요."

한 학생은 세월호 사건과 관련한 정보를 어떻게 얻느냐는 질문에 다음과 같이 말했다.

> "제일 많이 보는 거는 페이스북이었던 것 같아요. 안산소식이라는 페이스북 페이지가 있는데 거기서 정보를 바로 받아 알려 주고 있어요. (페이스북 친구를 맺고 있는 게 안산뉴스라고 하는 곳인데 거기에서 정보들을 많이 전달해 주니까 거기서 정보를 좀 많이 신뢰했다는 얘기죠? 페이스북에서 온 정보하고 방송에서 학생이 본 정보하고 좀 달랐겠는데?) 많이 다르죠. 훨씬 페이스북이 정확했어요. 뉴스는 계속 똑같은 영상만 보여 주고 똑같은 이야기만 계속 나오니까 솔직히 이게 뭐 하는 건가도 싶고. 안산뉴스는 실시간으로 계속 정보를 보여 주니까 좋은 것 같아요."

학생들은 세월호 사건과 관련하여 모금활동이나 노란 리본 달기, 추모 행사 등 다양한 활동에 참여하였다.

청소년의 입장에서 안전한 대한민국을 만들기 위해 무엇이 필요한지 자유롭게 이야기해 달라고 했을 때 학생들은 다음과 같이 말했다.

> "말 그대로 안전한 대한민국을 만들려면 어디서 무슨 사고가 나든 대처가 빨라야 한다고 생각해요. 그런데 이번에 대처가 늦어져 그만큼 피해자가 늘었어요. 제일 중요한 것은

그런 사건사고가 발생하지 않도록 예방하는 거겠죠. 수시로 안전을 체크하고 규칙을 잘 지키면 그래도 사건사고가 일어나는 게 최소화되지 않을까 싶습니다."

"정부에서 말로만 하지 말고 실천을 보여 줬으면 합니다. 안전사고가 터지면 말로만 그냥 크게 보도하지 말고 자세히 구체적으로 말해 줬으면 좋겠어요. 학생이나 국민들이 원하거나 바꾸자는 게 있으면 그거를 무시하거나 모른 체하지 말고 일단 수용해서 검토를 한 다음에 어떤 것이 바람직한 것이지 따져 가면서 자세히 해 줬으면 좋겠어요."

집회에 참가한 청소년들의 이야기를 종합해 보면 다음과 같다. 먼저, 청소년들은 제도권 언론에 대한 강한 불신이 있었다. 이는 기성 언론이 당시 '전원 구출'이라는 오보를 내면서 언론의 신뢰도가 무너졌기 때문에 비롯되었다고 볼 수 있다. 오히려 청소년들은 트위터나 페이스북 등 SNS를 신뢰했다. 이 때문에 SNS를 통해 많은 정보를 얻고 있었다. 둘째, 정부에 대한 불신이 매우 크다는 것이다. 이는 세월호 사건으로 인한 많은 학생의 죽음이 정부의 무능하고 안일한 대처와 연관이 있다고 생각하기 때문에 나타난 현상이다. 특히 청소년들은 국가의 역할에 대한 기대가 무너지는 것에 분노와 슬픔을 느꼈다. 국민의 안전을 가장 우선시해야 할 국가가 그 책임을 다하지 못했기 때문이다. 마지막으로, 청소년들은 청소년 관련 정책을 만들 때 자신들의 참여를 강조했다. 청소년들에게 중요한 문제는 청소년들이 직접 관여를 하는 것이 필요하다는 것이다.

세월호 사건을 통해 본 SNS의 역할

청소년들은 SNS 세대라고 해도 과언이 아닐 정도로 소셜 네트워크에 친숙해 있고 이를 통해 세상과 소통하고 있다. 세월호 사건 때도 SNS는 긍정적, 부정적 영향을 미쳤다.

긍정적인 측면에서 SNS는 먼저 감정을 공유하는 기능을 했다. 실종자들이 하루빨리 살아 돌아올 수 있도록 기원하는 의미에서 노란 리본 달기가 확산되었다. 카카오톡이나 페이스북 등 SNS를 이용하고 있는 네티즌이 자신의 프로필 사진을 노란 리본으로 바꾸는 사례가 늘었던 것이다. 이에 따라 노란 리본을 달자는 운동이 SNS를 통해 급속히 확산되었다. 네티즌들은 수색 및 구조작업이 더딘 흐름을 보이자 다양한 실종자 수색 방안과 구조 방안을 SNS를 통해 제시했다. 아울러 구조와 수색에 필요한 정보를 공유하고자 했다. 사상 유례없는 참사를 겪으면서 이번 사건의 희생자 가족을 돕기 위한 모금 운동이 SNS를 통해 확산되기도 했다. 또한 자원봉사자나 구조지원자를 모집하는 글도 부쩍 늘었다.

이처럼 SNS는 감정을 공유하고 정보를 제공하는 등의 긍정적 기능을 수행했다.

하지만 소셜 네트워크는 허위 정보 및 괴담의 확산 통로로도 작용해 실종자 가족에게 많은 상처를 안기기도 했다. "제발 이것 좀 전해 주세요. 지금 저희 식당 옆 객실에 6명 있어요. 아무것도 안 보여요"란 허위 글을 페이스북에 올린 이는 20세 대학 휴학생으로 밝혀졌다. 이 외에도 한 초등학생은 자신의 카카오스토리에 "지금 배 안인데 사람 있거든 아무것도 안 보이는데 남자애들 몇 명이랑 여자애들 울고 있어 나 아직 안 죽었으니까 안에 사람 있다고 좀 말해 줄래"라는 허위 글을 게시하기도 했다. 바다 밑에서 누군가에게 메시지를 보내는 것이 기술적으로 불가능함에도 불구하고 이런 허위 글은 SNS를 통해 급속히 확산되어 많은 사람이 배 안에 갇힌 생존자들이 메시지를 보낸 것으로 착각하게 만들었다.

일부 청소년들은 유언비어나 괴담을 유포하기도 했다. 경찰청은 여객선 세월호 침몰 사건과 관련 악성 유언비어에 대한 대대적 단속을 벌인 결과 18명을 검거했는데, 이 중 10대 청소년이 8명으로 가장 많은 것으로 나타났다. 세월호 침몰 사건과 관련한 괴담도 SNS를 통해 확산되었다. "배 안에 생존자가 있다", "세월호 침몰이 한미훈련 때문에 무리하게 항로를 변경하다 발생했다" 등과 같은 괴담이 확산되면서 국민들의 혼란을 부추겼다.

정보기술은 그 기술을 어떻게 활용하느냐에 따라 쓰임새가 달라진다. SNS는 누군가에게 정보를 찾고 공유하는 네트워크 역할을 하지만 다른 누군가에게는 가짜뉴스나 험담의 공간이 되기도 한다. 재미나 장난삼아 올리는 글들이 의도하지 않게 확산돼 당사자에게 큰 피해를 끼칠 수 있는 것이 현재의 사이버 공간이다. 디지털 공간의 순기능을 강화하고 역기능을 예방하기 위해서는 청소년의 미디어 리터러시 함양이 무엇보다도 중요하다. 디지털 기기를 사용할 때 지켜야 할 윤리와 규범, 요컨대 타인에 대한 존중이나 상대방에 대한 배려 등을 알고 이를 실천하는 것이 필요하다. 또한 온라인 공간이 어려운 사람들을 돕고 사회를 바꿀 수 있는 잠재력을 갖는 사회적 실천의 장이라는 것을 청소년들이 깨닫도록 해야 한다. 세월호 사건은 청소년의 미디어 리터러시 중요성을 다시 한번 일깨워 주었다.

국정농단사건

역사상 유례없는 대통령 탄핵을 이끌었던 시위는 2016년 10월부터 2017년 3월 박근혜 대통령 탄핵까지 거의 6개월간 지속되었다. 필자는 전국 17개 고등학교 학생 1,430명을 대상으로 설문조사를 했다.[3] 2016년 10월 국정농단사건이 알려진 후 진행된 촛불집회에 청소년이 얼마나 참여했는지 질문한 결과 75.7%의 응답자들이 한 번도 참여한 적이 없다고 답했다. 즉 한 번이라도 참여한 청소년은 4명 중 1명꼴인 것으로 나타났다. 촛불집회 참여 평균은 0.44회로 나타났다. 참여한 경험이 있는 청소년 중에는 1회 참여가 가장 많은 것으로 나타나 청소년들의 촛불집회 참여가 매우 제한적이었음을 확인할 수 있다.

---

3. 자세한 내용은 "이창호(2017), 「고등학생들의 정치참여 욕구 및 실태 연구」, 세종: 한국청소년정책연구원"을 참조 바람.

[그림 2-2] **촛불집회 참여 횟수(%)**

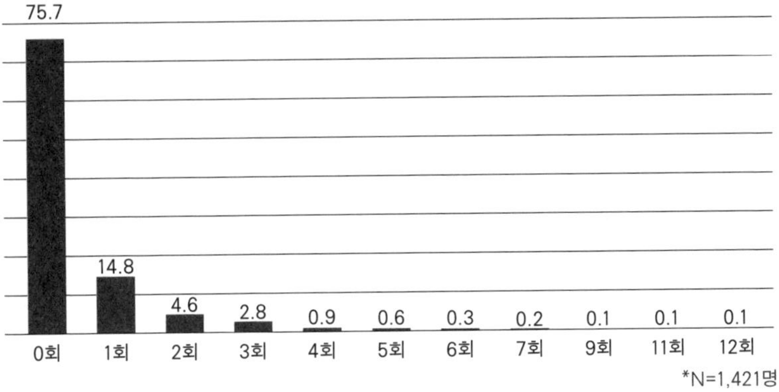

경기도교육연구원이 2019년 고등학생들을 대상으로 조사한 결과에서도 청소년의 집회 참여가 활발하지 않은 것을 확인할 수 있다. 집회 참여를 한 번도 해 본 적이 없다고 응답한 비율이 74.2%에 달했고, 온라인 공간에 의견을 작성해 보지 않은 경우도 68%에 달했다. 또한 76.9%의 학생들은 공개된 장소에서 유인물, 대자보, 포스트잇 등을 활용하여 정치적 의견을 작성해 본 경험이 전혀 없는 것으로 나타났다. 즉 오프라인뿐 아니라 온라인 공간에서 정치적인 문제에 관해 자신의 의견을 작성해 본 경험이 매우 적은 것으로 나타난 것이다.

[표 2-1] 경기도 고등학생의 정치적 행동(명, %)

구분	한 번도 없다	일 년에 1~2회	한 달에 1~2회	한 주에 1~2회	한 주에 3회 이상
온라인공간에 의견 작성	835 (68)	172 (14)	133 (10.8)	51 (4.2)	37 (3)
공개된 장소에 의견 작성	944 (76.9)	138 (11.2)	96 (7.8)	29 (2.4)	21 (1.7)
피케팅, 집회, 거리행진 등에 참여	911 (74.2)	172 (14)	91 (7.4)	33 (2.7)	21 (1.7)
전체	2,690 (73)	482 (13.1)	320 (8.7)	113 (3.1)	79 (2.1)

출처: 남미자·김영미·손어진·장아름(2019), 민주주의 실현조건으로서 청소년 정치참여 확대 방안, 95쪽.

이어서 2017년 5월 9일 실시될 19대 대통령 선거에서 어떤 자질을 대통령이 갖추는 것이 중요한지 5점 척도(1=전혀 중요하지 않다~5=매우 중요하다)로 질문했다. 청소년들은 신뢰성과 정직성을 가장 중요하다고 답했고 정책추진력, 지도력, 도덕성이 그 뒤를 이었다. 전반적으로 8가지 자질이 모두 중요하다고 생각하는 것으로 나타났다. 이러

[그림 2-3] 대통령의 자질

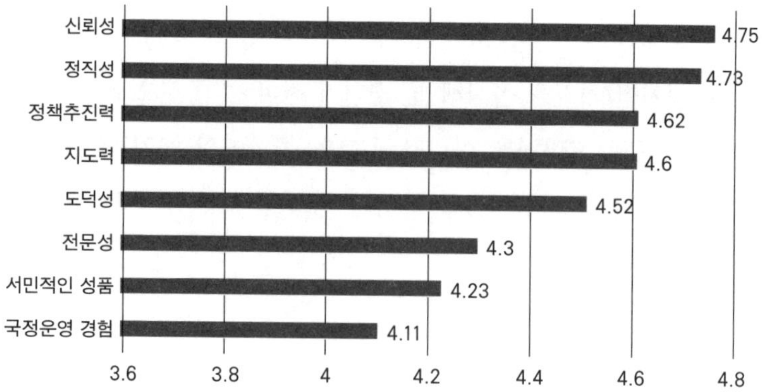

한 결과는 최근의 국정농단사건을 반영하는 것으로 청소년들은 정직하고 신뢰할 만한 인물을 대통령으로 고려하고 있음을 암시하는 대목이다.

정치문제에 관한 정보를 얻기 위해 어떤 미디어를 많이 이용하는지 살펴보았다. 각 문항은 4점 척도로 구성하였다(1=전혀 이용하지 않는다~4=자주 이용한다). 그 결과 청소년들은 페이스북이나 트위터 같은 소셜 미디어를 통해 정치 뉴스를 가장 많이 이용하는 것으로 나타났다. 포털 뉴스 또한 청소년들이 정치 뉴스를 접하는 주요 통로였다. 하지만 라디오 뉴스나 정치 팟캐스트는 이용이 저조한 것으로 나타났다. 대체로 청소년들은 소셜 미디어나 포털 뉴스를 통해 정치에 관한 많은 정보를 얻고 있다.

[표 2-2] 정치 뉴스 이용 매체

매체	평균	표준편차
TV 뉴스	2.99	0.81
라디오 뉴스	1.64	0.76
소셜 미디어	3.39	0.87
인터넷 신문	2.34	0.97
포털 뉴스	3.14	0.82
정치 팟캐스트	1.56	0.76

공공기관에 대한 신뢰는 전반적으로 평균(2.5점)에 미치지 못하는 것으로 나타났다. 각 항목은 4점 척도로 구성했다(1=전혀 신뢰하지 않는다~4=매우 신뢰한다). 네 가지 공공기관 가운데는 언론에 대한

신뢰가 다른 기관들에 비해 다소 높게 나타났다. 청소년들은 공공기관을 잘 신뢰하지 못하고 있고 정부에 대한 청소년의 불신이 크다는 것을 알 수 있다.

[표 2-3] 공공기관에 대한 신뢰

공공기관	평균	표준편차
정부	1.90	0.69
정당	1.92	0.67
국회	1.98	0.71
언론	2.23	0.78

학생들에게 정치참여 활성화를 위해 어떤 교육이 필요한지 4점 척도(1=전혀 필요하지 않다~4=매우 필요하다)로 질문했다. 응답자들은 정치적인 문제나 이슈에 관한 토론수업이 가장 필요하다고 꼽았다. 이어서 리더십함양교육, 민주시민교육, 정치기관 견학, 모의선거 순으로 나타났다.

[표 2-4] 정치참여 활성화를 위해 필요한 교육

정치교육	평균	표준편차
정치적인 문제나 이슈에 관한 토론수업	2.94	0.78
모의선거	2.67	0.79
시민성 함양을 위한 민주시민교육	2.79	0.80
리더십함양교육	2.87	0.81
국회나 도의회/시의회 등 정치기관 견학	2.75	0.85

이 같은 연구 결과들은 청소년의 정치참여와 관련하여 몇 가지 함의를 나타내고 있다. 먼저, 청소년들의 오프라인 정치참여가 매우 제한적이라는 것이다. 집회 참여로 인해 학교에서 받을 수 있는 불이익이나 학업에 바빠 시간을 낼 수 없는 점 등이 국정농단으로 인한 집회 참여에 영향을 많이 미쳤으리라 본다. 청소년들 사이에 정부에 대한 불신이 여전히 심하다는 것이 확인된 점도 주목할 만한 사항이다. 정당이나 국회, 언론에 대한 불신은 청소년의 정치참여를 감소시킬 수 있는 중요한 요인이 될 수 있다. 국민의 목소리나 삶에 관심을 갖지 않고 당리당략에 치우친 정당의 모습에 청소년들은 실망할 수밖에 없다. 청소년을 위한 정책이 추진되고 입법화된다면 정부나 정치에 대한 신뢰는 다시 회복될 수 있다. 공공 이슈나 정치적인 사안에 관한 정보를 TV나 라디오 등 레거시 미디어에서 얻기보다 소셜 미디어나 포털에서 많이 얻는 것은 소셜 네트워크 시대의 청소년의 정치참여 환경이 많이 바뀌고 있다는 것을 암시한다. 이제 청소년들은 언제 어디서든지 접근이 가능하고 쉽게 정보를 찾을 수 있는 소셜 미디어를 통해 정치 정보를 얻고 있다. 전통적인 미디어가 이들의 정치사회화를 촉진시키는 것이 아니라 소셜 미디어를 비롯한 뉴미디어가 정치사회화의 새로운 기제가 되고 있다.

실질적인 정치참여를 위한 길

청소년 정치참여의 길은 2000년 인터넷이 대중화된 이후 활짝 열렸다. 이후 여러 정치적 사건을 거치면서 집회에 참여하는 청소년도 늘었다. 물론 많은 청소년이 집회에 참여한 것은 아니지만, 우리 사회의 중요한 고비마다 청소년들의 참여는 빛을 발휘했다. 오랜 기간의 참여 결과 2020년 역사상 처음으로 만 18세 청소년들이 국회의원 선거에서 투표권을 행사하면서 합법적, 제도적 참여의 장을 마련했다. 이제 청소년은 우리 사회의 민주적 시민이자 정치적 주체로서 등장하고 있고 정치권에서 이들의 목소리를 무시하기 쉽지 않을 정도의 정치적 파워와 역량을 갖춰 가고 있다.

그런데 실질적인 청소년 참여의 길이 열렸다고 하기에는 향후에 해결해야 할 과제가 산적해 있는 것이 현실이다. 먼저, 우리 사회가 청소년들을 민주적 시민으로서 인정하고 받아들일 여건을 갖추고 있는지 성찰할 필요가 있다. 투표라는 제도적 참여의 길은 열렸지만 정치적인 역량이 부족하거나 정치적으로 성숙하지 못한 존재로 청소년을 바라보는 시선들이 여전하다. 선거 시기만 되면 교실이 정치판이 될 것을 우려하는 목소리도 간간이 흘러나온다. 이런 상황에서 청소년들이 올바르게 정치 판단을 하고 의사결정을 할 수 있도록 이들의 정치참여를 격려하고 뒷받침해 주는 것이 우리 사회의 민주주의를 위해 더욱 중요한 일이다. 그동안 소외됐던 청소년의 요구나 주장, 목소리를 정치에 반영해서 청소년에게 도움이 되는 정책을 만드는 것 또한 시급하다. 노인이나 청년 관련 정책도 중요하지만 청소년을 위한 정책 개발도 우선적으로 필요하다. 향후 국회의원 선거나 지방 선거 때는 후보자들이 청소년을 위한 공약 개발에 신경을 많이 쓸 것이라 기대한다.

핀란드를 비롯해 유럽의 일부 국가들은 30대 총리를 배출했다. 우리 사회의 경우 선거권은 18세로 하향됐지만 국회의원 피선거권은 여전히 25세 이상이다. 국회의원에 출마할 수 있는 연령을 만 18세로 낮춰야 한다. 30세 미만 의원 비율은 노르웨이 13.6%, 덴마크 9.5%, 스웨덴 9.4%를 기록하고 있지만 우리 사회는 0.6%에 불과하다.[이종희, 2021] 국회의원 피선거권을 낮춰서 젊고 유능한 인재들이 활발하게 활동하도록 해야 한다.

현재 많은 청소년이 가중된 학업부담에 시달리고 있고 입시제도의 변화를 바라고 있다. 청소년들이 절실히 바라는 이러한 교육정책을 조금씩 해결해 나간다면 정치에 대한 청소년의 신뢰를 회복할 수 있다. 학업부담이 경감된다면 청소년들이 정치적인 문제나 이슈에 대해 더 많은 관심을 갖게 되는 계기를 마련할 수 있다.

무엇보다 중요한 것은 청소년 참여가 형식적인 것에 그치지 않고 실질적인 참여로 이어지도록 하는 것이다. 청소년들의 의견을 단순히 수렴하는 데 그쳐서는 안 되고 이들이 실질적인 참여의 주체가 되도록 해야 한다. 청소년을 대상으로 한 정책도 정부나 지자체 주도가 아닌 청소년들이 주도적이고 자발적으로 기획하고 실행해 나가는 방향으로 전환돼야 할 것이다. 만 18세 선거권의 실현에 따라 청소년들이 정치적 주체로서 등장한 만큼 사회 곳곳에서 청소년들이 정책 결정 과정에 실질적으로 참여할 수 있는 환경을 마련할 때이다.

3장
세상을 바꾸는 작은 힘, 청소년 참여의 모델과 방향에 대하여[4]

황여정

청소년 참여는 다양한 곳에서 다양한 수준으로 이루어지고 있다. 청소년들은 청소년참여기구나 청소년의회를 통해 참여 기회를 갖기도 하고, 스스로 정책을 만드는 데 참여하기도 한다. 또 일상적으로 마주치는 지역사회 안에서 청소년의 삶에 영향을 미치는 문제들을 탐색해 보고, 이를 해결하기 위해 여럿이 머리를 맞대고 고민하는 과정을 통해 참여를 경험하기도 한다. 이렇게 도처에서 크고 작은 형태로 청소년 참여활동들이 이뤄지고 좋은 사례들이 축적되고 있지만, 널리 확산되지 못한 한계가 있다. 지역적으로 특정 지역에 한정되어 이뤄지거나 산발적으로 운영되어 왔기 때문이다. 이에 이 장에서는 청소년 참여가 더 많은 지역과 상황에서 좀 더 활발하게 이루어지도록, 현장에서 적용할 수 있는 실질적인 참여 모델을 소개하고자 한다. 여기에서 소개하는 모델은 참여의 다양성을 저해하지 않으면서, 현장을 지원하는 데 목적을 두고 있다.

---

4. 이 장의 내용은 한국청소년정책연구원이 2017년 발간한 보고서 「청소년 지역사회 참여 모형개발 연구」 내용에 기반을 두고 있다.

청소년 참여 모델의 기본 방향

청소년 참여 모델은 몇 가지 방향성을 담고 있어야 한다. 첫째, 많은 청소년이 쉽게 참여할 수 있어야 한다. 지금까지 청소년 참여가 '소수의 제한된 청소년'들이 참여하는 형태였다면, 앞으로의 청소년 참여는 더욱 많은 청소년이 일상적으로 참여할 수 있도록 근본적인 패러다임을 바꾸어야 한다. 청소년 참여가 시민으로서 청소년에게 주어지는 당연한 권리이자 의무라고 본다면, 참여의 기회가 소수에게만 허락되는 것은 옳지 않다. 따라서 여기에서 소개하는 청소년 참여 모델은 누구나 참여 기회를 갖도록 참여의 문을 넓히고자 하였다.

둘째, 청소년 참여가 '형식적 참여'에 그치는 것이 아니라 '실질적 참여'로 이어져야 한다. '보여주기식 참여'에 그치는 것이 아니라 청소년들의 참여 결과가 실제 현실의 변화를 견인할 수 있어야 한다. 참여가 실질적인 영향력을 갖는 것은 청소년들의 지속적인 참여를 유도하는 데도 무척 중요하다. '참여해도 소용이 없다'는 인식이, '참여하니까 달라진다'는 확신으로 바뀔 때, 청소년 참여도 보다 활성화될 수 있기 때문이다.

셋째, '체험성·이벤트성 참여'에서 '일상적 참여'로 바뀌어야 한다. 특별한 계기로, 가끔, 마치 체험하듯 참여하는 것이 아니라 일상생활에서 자연스럽게 참여가 이루어져야 한다. 그러려면 참여가 대단한 활동으로 인식되어서는 안 되며, 우리의 일상적 삶 안으로 녹아들어야 한다. 스스로 관심을 갖는 문제에 대해 주변 사람들과 언제든지 논의하고, 아이디어를 제시하며, 해결책을 모색해 보는 과정이 일상적으로 이루어질 수 있어야 한다. 청소년 참여가 지역사회 수준에서 이루어져야 하는 이유이기도 하다.

청소년 참여 모델의 네 가지 원칙

이러한 방향성을 토대로, 네 가지 원칙을 적용해서 청소년 참여 모델을 개발하였다. 첫째, '청소년 주도성'이다. 여기에서 청소년 주도성은 두 가지 의미가 있다. 참여를 할 것인지 여부에 대한 결정부터 청소년이 주체가 되어 스스로 판단할 수 있어야 한다는 것이다. 부모님 또는 선생님이 시켜서 억지로 하는 참여는 청소년 주도성을 확보했다고 보기 어렵다. 참여 단계부터 스스로 판단하고 선택하는 것이 필요하다. 또한 참여활동의 운영을 전반적으로 청소년이 주도할 수 있어야 한다. 지금까지 청소년 참여는 대부분 이미 어른들이 짜 놓은 틀과 프로그램에 청소년들은 그저 참여자로 객체화된 채 참가하는 경우가 많았다. 운영 방식 또한 상당 부분 이미 정해져 있어서 청소년의 의견이 개입할 여지도 많지 않았다. 이러한 방식은 진정한 의미의 청소년 참여로 보기 어렵다. 이에 이 책에서 제안하는 청소년 참여 모델은 청소년 주도성을 모델 개발의 핵심 원칙으로 삼고, 청소년 주도성을 보장하고자 하였다.

둘째, 프로젝트 기반Project-based 참여를 지향한다. 청소년들이 참여활동을 통해 지역사회 개선을 위한 대안을 찾고, 그것이 현실에 반영되어, 실제 변화를 일으키는 과정의 운영에서, 그 시발점이 되는 지역사회 참여활동에 대한 운영 원리로 '프로젝트 기반Project-based' 참여 방법을 채택하여 모델을 설계하였다. 프로젝트 기반 참여는 '프로젝트 기반 학습Project-based learning'에서 차용한 개념으로, 단순 건의나 민원 제기가 아닌, 공공의 이익을 추구하는 문제 해결 중심의 참여활동을 의미한다.

프로젝트 학습은 학자에 따라 다양하게 정의되고 있는데, 일반적으로 "실제 문제나 과제real issues/tasks를 해결하기 위해 학생이 중심student centered이 되어 협동적인 작업collaboration/teamwork으로 진행하는 프로젝트 수행을 통해 이루어지는 학습"으로 이해할 수 있다. 이주호·김태완·백혜리, 2016 그리고 이러한 프로젝트 학습의 구체적 특성 중 하나로 '전통적인 학습 공간을 넘어서서 실제 사회 경험을 할 수 있다'는 점을 언급하고 있다. 즉, 프로젝트 학습을 통해 사회에 존재하는 여러 가지 실제 문제의 현장을 방문하여 직접 확인하도록 함으로써 사회문제에 대한 학생의 생각과 참여가 적극적으로 일어나도록 하는 것이 프로젝트 학습이라는 것이다.이주호·김태완·백혜리, 2016 이 같은 프로젝트 학습의 기본 개념과 특성은 청소년이 중심이 되어 해결책을 제시하고 이를 실현하는 활동을 '참여'로 강조하는 관점과 상당 부분 공통점이 있다. 따라서 여기에서도 실천성과 실효성을 지향하는 참여활동을 '프로젝트 기반 참여'로 간주하고, 이를 모델 설정에 활용하였다.

셋째, 모델의 활용도를 높이기 위해 가능한 다양한 상황에 적용할 수 있는 범용汎用 모델을 지향한다. 이를 위해 기본적으로 학교, 청소년시설, 민간단체/시민단체, 그 밖에 다양한 지역사회 기관에서 모두 적용할 수 있는 모형을 제시하고자 하였다. 아울러 모델의 일부 내용은 청소년의회, 청소년참여위원회 등 기존의 참여기구에도 적용할 수 있도록 개발하였다.

넷째, 현장에서 손쉽게 활용할 수 있도록 단계별 적용이 가능한 모델을 제시하고자 하였다. 청소년 참여활동은 활동이 이루어지는 지역, 환경, 여건, 그리고 참여 대상 및 참여 수준에 따라 그 양상이 다양하다. 따라서 이처럼 다양한 환경과 여건을 고려해 선택적으로 운영할 수 있는 모델이 필요하다. 가장 기본적인 수준의 모델은 교실 수업 장면, 혹은 청소년들끼리 모여서 만든 동아리에서도 적용할 수 있도록 하였다. 그리고 이를 확장한 모델은 의사결정 구조나 대안의 현실화 과정까지 포함하도록 하였다. 이렇게 확장된 모형은 기존의 참여기구나 교내 학생회 등에서도 활용할 수 있다.

청소년 참여 모델, 한눈에 살펴보기

지금까지 살펴본 모델 설계의 방향과 원칙을 바탕으로, 이 책에서 제시하는 청소년 참여 모델이 [그림 3-1]에 제시되어 있다. 모델은 크게 세 단계로 구성된다. 첫 번째 단계는 이 모델에서 가장 기본적인 모듈module에 해당하는 '프로젝트 기반 청소년 참여활동'이 이루어지는 단계이다. 여기에서는 청소년시설을 비롯해 학교, 시민단체, 지자체, 기타 지역사회 시설은 물론, 이러한 기관에 소속되지 않은 청소년들도 참여를 경험할 수 있는 툴tool을 제공하는 데 중점을 두었다. 이 툴tool에 따라 청소년들은 지역사회에 관심을 가지고 문제점을 확인하며 대안을 모색하는 활동을 하게 된다. 이 같은 참여활동은 기본적으로 개인이 아닌 팀 단위로 이루어지는 것이 좋다.

한편, 많은 청소년이 함께하는 참여활동에 적용할 수 있는 의사결정 구조 모델도 함께 제시하였다. 의사결정 구조 모델은 개별 팀 내부에서의 의사결정이나 의견 조율·합의를 의미하는 것이 아니라, 청소년시설 혹은 학교, 민간단체 등에서 참여활동을 하는 다수의 청소년이 존재할 때, 이들 간의 의견을 조율하고 대표하는 역할을 담당하는 자치기구를 나타낸다. 이 같은 청소년 자치기구에서 참여활동에 관한 주된 의사결정을 하고, 성인들은 이를 지원하는 역할을 담당한다.

두 번째 단계는 청소년들의 참여 결과가 단지 '체험'에 그치는 것이 아니라 실제 현실에 반영되도록 함으로써, 실질적 영향력을 확보하도록 하는 '대안 현실화' 단계이다. 여기에서는 청소년들이 제안한 대안을 현실화하는 장치가 마련되어 있다. 이러한 장치로는 '청소년 참여 세미나', '청소년 참여 박람회', '청소년 참여 온라인 플랫폼' 등이 있다. 이 가운데 '청소년 참여 세미나'는 청소년들이 프로젝트 기반 참여활동을 통해 도출한 대안의 정책화 가능성을 높이기 위해, 관련 실무자들과 함께 대안의 추진 계획action plan을 수립하는 데 주된 기능이 있다. 또한 '청소년 참여 박람회'는 청소년들이 정책담당자를 비롯해 다양한 지역사회 구성원들에게 참여활동의 결과를 알리고 공유하는 장場을 의미한다.

마지막 단계는 청소년들의 참여 결과가 실제로 반영되어 현실 변화를 이끄는 '변화의 도출' 단계이다. 현실에 반영된 대안들은 정책을 변화시킬 수도 있고, 공공정책이 아니더라도 청소년들이 직접 실행하거나 혹은 지역사회 구성원들의 실천을 통해 지역사회에 변화를 가져올 수도 있다. 이러한 과정과 긍정적 경험은 청소년들이 시민성

[그림 3-1] 청소년 참여 모델

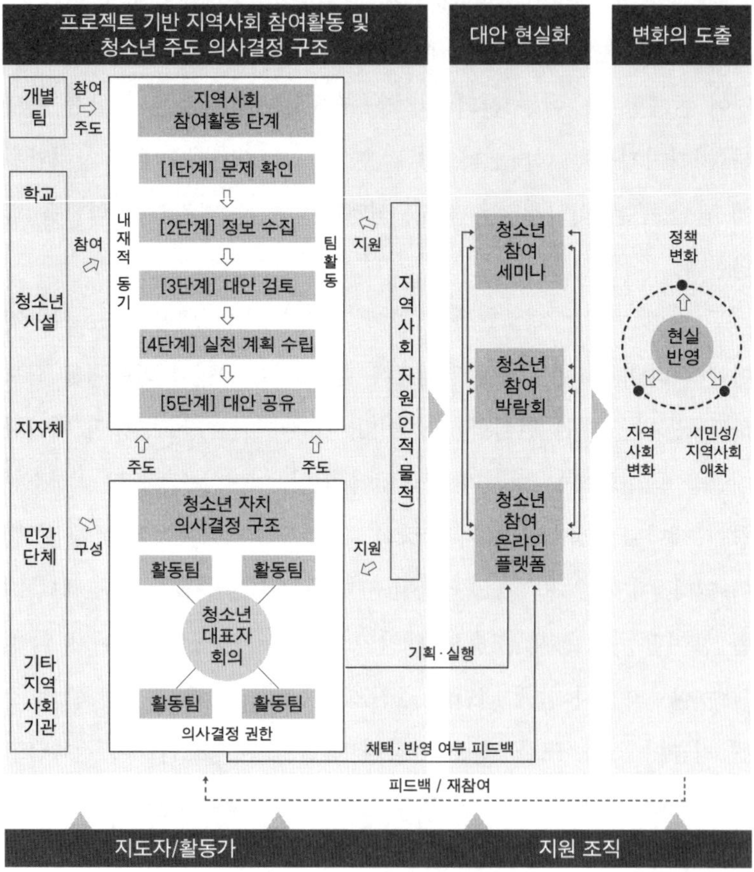

을 기르는 데 도움이 되며, 참여활동에 지속적으로 관심을 갖게 되는 원동력으로 작용한다.

이처럼 여기에서 제시하는 청소년 참여 모델은 처음부터 끝까지 참여활동 전반을 청소년이 중심이 되어 이끌어 나가게 설계되어 있다. 다만, 이러한 과정이 원활하게 이루어지려면 성인들의 적절한 지원이 필요하다. 따라서 이 모형의 기저에는 '성인들의 적절한 지원'이 전제되어 있다. 여기에서 성인들은 청소년 활동을 담당하는 청소년시설의 지도자, 학교의 교사, 시민단체의 활동가, 혹은 청소년 참여를 지원하는 학부모나 지역사회 구성원 등 다양한 주체들을 모두 포함한다. 이 모델에서 성인들은 청소년들이 안정적으로 참여활동을 할 수 있도록 주변의 자원들을 연계하거나 조직화하는 등 환경을 조성하고 지원하는 역할을 담당한다. 또는 청소년들이 서투르거나 잘 모르는 부분에 도움을 주는 조력자 혹은 촉진자facilitator로 기능한다.

청소년 참여 모델, 자세히 들여다보기 (1)
_프로젝트 기반 참여활동

위에서 제시한 모델을 하나하나 좀 더 자세히 들여다보기로 하자. 먼저, 가장 기본이 되는 모델의 구성 요소는 '문제 해결을 위한 프로젝트 기반 참여활동'이다. 프로젝트 기반 참여활동을 청소년 참여 모델의 기본 모듈로 채택한 이유는 다음과 같다.

첫째, 청소년들이 주변에서 해결할 문제를 발견하고 대안을 모색하며, 구체적인 영향력을 발휘해 보는 과정이 청소년 참여의 본질에 잘 부합하기 때문이다. 참여는 단순히 개인적 불만에 대해 의견을 제시하거나, 봉사활동을 하는 것과는 다르다. 참여를 통해 공동체의 이익을 추구하고, 내가 살고 있는 지역을 더 살기 좋은 곳으로 만드는 데는 이러한 문제 해결 중심의 프로젝트 활동 방법이 적합하다.

둘째, 프로젝트 기반 참여활동 방법은 사회문제에 관심이 있는 청소년이라면 누구든 쉽게 접근할 수 있기 때문이다. 성인들이 조직하는 위원회에 참여하는 방식의 청소년 참여는 참여를 원하는 청소년 누구나 참여할 수 있는 것은 아니라는 점에서 접근성과 확장성에 한계가 있다. 참여의 가능성을 확대하려면 누구나 쉽게 접근할 수 있는 모델이 필요하다. 이 책에서는 이 같은 접근성과 확장성을 특별히 고려하였다.

문제 해결 중심의 프로젝트 기반 참여는 학교, 청소년시설, 지자체, 민간단체/시민단체, 기타 지역사회 기관에서 모두 적용할 수 있고, 각자 처한 상황과 여건에 따라 다양하게 운영할 수 있다. 예를 들어 학교에서는 수업시간에 적용할 수 있는데, 특히 교과의 특성상 사회과 교과에 우선 적용해 볼 수 있다. 또 비교과 활동의 경우 교내 자율동아리 활동, 방과 후 동아리 활동에도 적용할 수 있고, 자유학기제, 창의적 체험활동의 커리큘럼으로도 활용될 수 있다. 청소년시설에서는 청소년수련관, 청소년문화의집 등 청소년시설에서 자체적으로 실시하는 청소년 동아리 활동 지원 사업의 내용으로 적용해 볼 수 있다. 지자체, 민간단체/시민단체, 복지관 등 기타 지역사회 기관에서도 청소년 사업의 일환으로 충분히 운영할 수 있는 모형이다.

[그림 3-2] 청소년 참여 모델의 구성 요소 1: 프로젝트 기반 참여활동

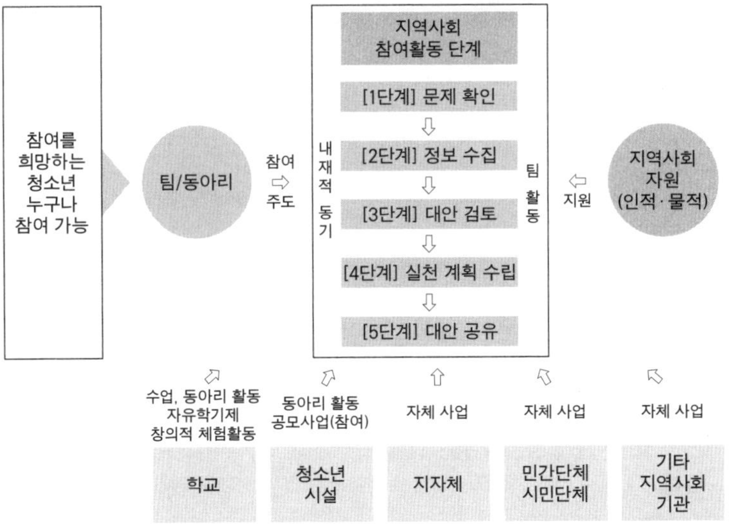

[그림 3-2]에서 제시한 문제 해결 중심의 프로젝트 기반 참여가 이루어지는 과정을 좀 더 구체적으로 살펴보기로 하자. 프로젝트 기반 참여활동은 기본적으로 5단계의 절차를 거쳐서 이루어진다. 여기에서 제시한 절차는 미국의 〈Project Citizen〉 사업의 5단계 운영 절차를 기본으로 하되, 마지막 단계에 일부 변형을 가한 것이다. 또한 학교, 청소년시설 등 다양한 기관에서 여러 개의 팀을 구성해서 운영하려면, 청소년들이 본격적으로 활동에 착수하기 전에 오리엔테이션 등 사전 교육이 필요하다. 이에 준비 단계에 해당하는 오리엔테이션도 포함하였다. 이렇게 구성된 프로젝트 기반 사회참여의 운영 단계를 구체화해 보면 다음과 같다.

프로젝트 기반 지역사회 참여활동 단계별 운영 방안

단계	주요 내용	비고
0단계 오리엔테이션	• 청소년 참여는 청소년이면 마땅히 누려야 할 권리이자 의무임을 인식할 수 있도록 관련 내용 소개 • 참여활동의 취지와 유의사항 등에 대한 안내 • 강연, 토크 콘서트 등을 통해 실제 지역사회 활동가 등과 청소년이 직접 만나 볼 수 있는 기회 제공	기관에서 여러 팀을 운영할 경우 오리엔테이션 필요
1단계 문제 확인	• 중요하다고 생각하는 학교나 지역사회 문제점 생각해 보기 • 이 가운데 대안이 필요한 문제 확인하기(공공 정책 또는 민간 부문의 개선을 포괄함) • 문제의 원인을 포함하여 다양한 정보 찾기	
2단계 정보 수집	• 해당 문제에 대한 정보 수집 및 평가 • 정보 수집의 방법으로 문헌 자료 및 인터넷 자료 검색뿐만 아니라, 이해 관계자 인터뷰, 설문조사 등의 조사 방법 활용	
3단계 대안 검토	• 문제와 관련된 현행 정책이나 대응 방안 조사하기 • 그 밖에 관련 시민단체 등에서 제안하는 대응 방안 조사하기 • 제시된 대안의 타당성 등을 검토·평가하여 최적의 대안 도출	
4단계 실천 계획 수립	• 제안할 대안이 채택될 수 있도록 구체적인 추진 계획 세워 보기 • 다양한 실천 방법을 통해 직접 만든 대안들이 실현될 수 있도록 실천해 보기	
5단계 대안 공유	• 참여 문화 확산을 위해 그간의 활동 내용을 발표회 등을 통해 공유하기 • 스토리텔링 등의 방법 적용 가능	

*위 내용은 미국 시민교육센터가 운영하는 「프로젝트 시티즌」 5단계 운영 방법, 민주화운동기념사업회 추진 「청소년 사회참여」 방법 4단계, 유쓰망고(Youth Mango)가 실시한 「유스벤처」 사업의 4단계 운영 절차를 검토하여 연구진이 작성.

출처: 한국청소년정책연구원(2017), 청소년의 지역사회 참여 모형개발 연구, 280쪽, 〈표 Ⅵ-2〉.

여기에서 중요한 것은 참여활동이 가급적 개인보다는 팀(동아리) 단위로 이루어져야 한다는 점이다. 사회참여는 물론 개인 수준에서도 가능하다. 그렇지만 사회참여가 개인의 이익을 추구하는 것이 아니라, 우리가 함께 살아가는 사회를 좀 더 살기 좋은 곳으로 변모시키기 위해 공동체의 이익을 추구하는 데 그 목표가 있다면, 다른 동료들과 함께 활동을 하는 것이 좀 더 적합하다고 판단하였다. 다른 동료들과 공동의 문제를 해결하기 위해 고민하고, 논의하며, 협력하고, 때로는 대립하는 의견을 조율하는 과정도 사회참여의 중요한 과정이기 때문이다.

청소년 참여 모델, 자세히 들여다보기 (2) _청소년이 중심이 되는 의사결정

두 번째 구성 요소는 의사결정 구조에 관한 것이다. 청소년이 참여활동의 전반적인 과정을 주도하고 주요 의사결정도 청소년을 중심으로 이루어지도록, 의사결정 구조에 관한 모델로 '청소년 자치기구'를 제안한다. 청소년 자치기구 역시 학교, 청소년시설, 지자체, 민간단체/시민단체, 기타 지역사회 기관 등 청소년 참여가 이루어지는 다양한 맥락에서 적용할 수 있다. 청소년 자치기구의 기본적인 형태는 참여활동을 하는 여러 팀(모둠, 동아리)이 있고, 이들을 대표하는 대표자회의를 구성하는 것이다. 이러한 구조는 이 책의 5장에서 소개한 청소년의회, 7장에서 소개한 핀란드 헬싱키의 루띠 시스템에 채택되어 이미 적용되고 있다.

청소년 자치조직은 청소년 참여활동을 하는 다양한 팀(모둠, 동아리)과 이들을 대표하는 회의체인 대표자회의로 구성된다. 대표자회의는 청소년들이 실시하는 선거를 통해 구성한다. 대표자회의에서는

[그림 3-3] 청소년 참여 모델의 구성 요소 2: 청소년이 중심이 되는 의사결정

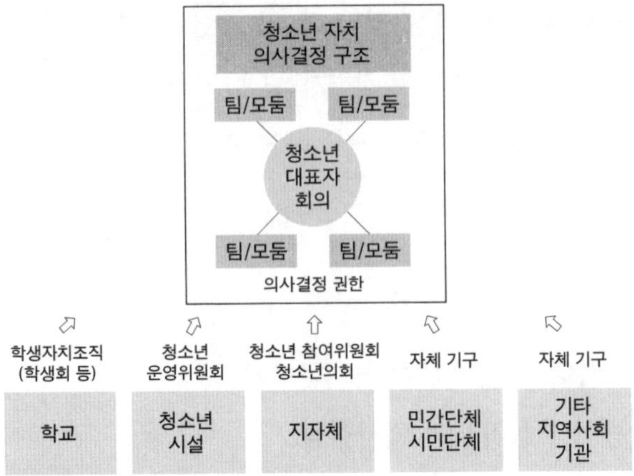

참여활동 운영과 관련하여 의사결정을 요구하는 주요 사안들에 대해 의사결정을 하고, 필요한 경우 성인 지도자(예: 청소년지도자, 교사, 활동가 등)들과 논의한다. 또한 각각의 활동팀에서 활동한 내용을 모아서 "제5단계: 대안 공유"에서 진행되는 발표회 행사를 기획하고 추진한다. 또한 제시되는 대안들이 실제로 현실에 반영될 수 있도록 지원한다.

자치조직 운영과 관련하여 한 가지 유의할 점은 청소년들로 구성되는 자치조직이지만 체계적인 시스템을 갖추어 운영해야 한다는 점이다. 예를 들면, 대표자회의 모임이 월 1회 이상 개최되도록 정례화하고(회의 개최일은 구성원들이 정함), 회의를 개최할 때는 각 팀들의 의견을 취합하여 안건을 상정하며, 회의록을 작성하고, 회의록을 공개함으로써 구성원들과 회의 결과를 공유하는 등 일련의 절차와 규정에 따라 운영되도록 한다.

청소년 참여 모델, 자세히 들여다보기 (3)
_청소년 참여의 실질적 영향력 확보하기

세 번째 구성 요소에는 청소년 참여가 실제 변화로 연결됨으로써 실질적인 영향력을 확보하도록 돕는 방안들을 담았다. 말하자면 참여활동을 통해 도출된 대안들을 현실화하는 지원 장치인 셈인데, 여기에는 청소년 참여 세미나, 청소년 참여 박람회, 청소년 참여 온라인 플랫폼 등이 해당된다.

청소년 참여 세미나는 청소년들이 제시하는 대안의 반영 가능성을 높이기 위해, 실행 가능성을 함께 검토하고 추진 계획을 수립하기 위한 세미나를 의미한다. 이것은 핀란드 루띠 시스템에서 운영되는 정책 세미나인 '빠따야미띠'를 원형原型으로 삼는다. 국내에서 운영되는 사례 중에서 군산 청소년자치연구소 '달그락달그락'에서 운영한 청소년사회참여포럼도 좋은 사례로 볼 수 있다. 구체적인 운영 방법은 정해진 기간 동안 이루어진 청소년 참여활동 결과를 집약해서 주기적으로 세미나를 개최하고, 청소년, 정책담당자(실무자), 관련 전문가 등이 함께 모여 논의하는 것이다. 이 자리에서는 참가자들이 토론을 통해 청소년들이 제안한 아이디어를 실제 적용 가능한 정책으로 다듬고, 추진 가능한 실행 계획을 세운다. 물론 이 같은 세미나도 청소년들이 기획 단계에서부터 주도적으로 참여하여 진행하는 것이 좋다.

청소년 참여 박람회도 생각해 볼 수 있다. 청소년 참여 박람회는 청소년들의 활동 내용을 한데 모아 발표하고 공유하는 장場이다. 경기도 몽실학교에서 실시한 '몽실학교 정책마켓'이 청소년 참여 박람회의 좋은 사례가 된다. 박람회에는 청소년, 정책결정권자를 비롯해 담당 공무원, 유관 기관 및 단체 관계자, 지역사회 주민들이 모두 참여할 수 있다. 이 자리에서 팀별 혹은 기관별로 청소년들의 지역사회 참여활동을 공유한다. 박람회 프로그램은 강연, 토론, 세미나, 워크숍, 토크콘서트 등 다양한 형태로 구성할 수 있다. 이러한 박람회 역시 청소년들이 기획부터 주도적으로 참여하여 개최하도록 한다.

다음으로, 더욱 많은 청소년이 언제 어디서나 손쉽게 참여하는 '일상적 참여'가 이루어질 수 있도록, 청소년 참여 온라인 플랫폼도 생각해 볼 수 있다. 청소년 참여 온라인 플랫폼은 지역사회 참여 과정에서 청소년들이 생산해 내는 활동, 아이디어, 정책 대안, 의견들이 공유되는 공간을 의미한다. 온라인 플랫폼에는 공공정책 제안을 위한 메뉴를 별도로 구축해서, 청소년들이 제안하는 공공정책에 관한 내용이 정책담당자들에게 바로 전달되도록 한다. 그리고 여기에 제시된 의견에 대해서는 정책담당자가 구체적이고 실질적인 피드백을 제

[그림 3-4] **청소년 참여 모델의 구성 요소 3: 청소년 참여의 실질적 영향력 확보 방안**

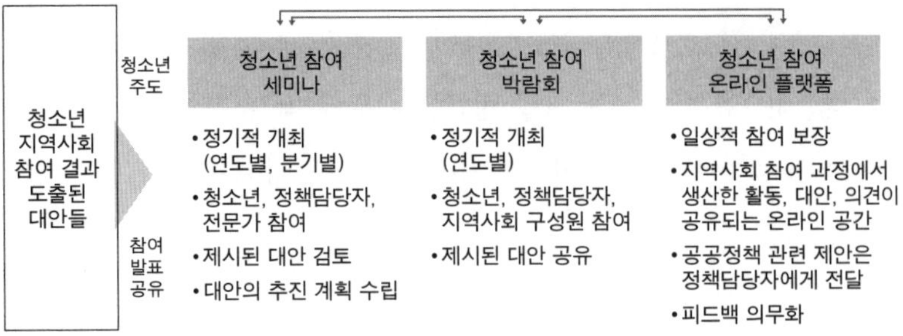

공함으로써, 청소년 참여의 실효성을 확보한다. 다만 이러한 청소년 참여 온라인 플랫폼이 단순히 민원을 제기하는 창구로 이용되지 않도록, 첫 번째 구성 요소에서 제안한 것처럼 팀(혹은 동아리) 형태의 참여활동을 사전 등록하고 사전 등록된 팀(혹은 동아리) 활동 결과를 손쉽게 온라인에서 공유하도록 운영하면 바람직할 것이다.

성인 지도자의 역할

지금까지 설명한 청소년 참여 모델이 원활하게 작동하기 위해서는 성인 지도자, 활동가들의 역할이 중요하다. 여기에서 지도자는 학교 교사, 청소년시설의 지도자, 민간단체/시민단체의 활동가, 그리고 청소년 지역사회 참여활동에 관심을 갖고 도움을 주는 학부모나 지역사회 주민들이 모두 해당될 수 있다. 이러한 모델이 성공적으로 자리잡고 운영되기 위해서는 실무자들이 기존의 패러다임과 차별화되는 청소년 참여, 청소년 자치의 의미를 정확히 이해하는 과정이 선행되어야 한다. 그리고 이를 바탕으로 청소년이 주도하는 참여활동이 이루어질 수 있도록 지원해야 한다.

가장 중요한 사실은 여기에서 제안한 모델이 '프로그램'처럼 자리잡아서는 안 된다는 점이다. 지도자들은 기존의 참여활동처럼 지도자들이 참여 내용을 프로그램으로 조직화해서 운영하고 청소년들은 그 안에 객체로 참여하도록 운영하지 않게 경계해야 한다. 틀을 다 짜 놓고 청소년들은 정해진 틀 안에 참여하는 것이 아니라, 그 '틀'부터 청소년들이 만들 수 있고, 얼마든지 변형시킬 수 있다는 점을 분명히 인식해야 한다. 청소년들이 처음부터 끝까지 참여활동 전반을 '주도'할 수 있도록 '지원'하는 데 성인 지도자의 역량이 집중되어야 한다.

차근차근 수준에 맞는 단계별 운영

청소년 참여 모델은 이 모델을 적용하는 환경과 여건, 그리고 청소년 참여의 수준을 고려해서 다양한 단계로 운영할 수 있다. 여기에서는 단계별로 입문형, 기본형, 심화형, 실천형, 그리고 정책화 단계 등 다섯 가지 단계를 제시하였다. 먼저 입문형은 기본 모듈인 '프로젝트 기반 참여활동'만 적용해 보는 단계이다. 학교에서 교과와 연계하여 문제 해결 중심의 참여활동 내용으로 수업을 진행하거나, 청소년시설이나 민간단체/시민단체, 기타 지역사회 기관에서 청소년 동아리 활동 지원 사업을 운영하면서 동아리 활동 운영 프로그램으로 적용해 보는 단계가 여기에 해당할 수 있다.

기본형은 입문형에 청소년 자치조직이 첨가된 형태이다. 입문형에서 설명한 문제 해결을 위한 프로젝트 기반 참여활동은 똑같이 이루어지되, 청소년들이 참여활동의 의사결정을 주도할 수 있도록 별도의 청소년 자치조직을 운영하는 형태가 기본형에 해당한다. 여기에서는 단지 수업에서 교사의 지도하에 5단계 참여활동을 경험해 보거나, 동아리 활동으로 참여활동을 하는 데서 그치는 것이 아니라, 참여활동의 기획·운영에 관한 전반적 의사결정이 청소년 자치기구를 통해 이루어지게 된다. 이 책의 7장에서 소개한 핀란드 루띠 시스템에서 '핵심 집단core group'을 통해 참여활동 전반이 조율되는 사례가 여기에 해당한다.

3단계 심화형은 기본형에 청소년 참여의 실질적 영향력 확보 방안들이 추가된 형태를 말한다. 대안의 현실화를 위해 청소년들과 실무자·정책입안자들이 함께 추진 계획을 수립하는 청소년 참여 세미나, 청소년들의 참여활동을 지역사회 구성원들과 공유하는 청소년 참여 박람회, 그리고 청소년들이 언제 어디서나 대안을 제시할 수 있는 청소년 참여 온라인 플랫폼이 함께 운영됨으로써, 청소년의 활동 결과가 실제 현실에 반영되는 데까지 참여의 범위가 확장된 유형이다. 핀란드 루띠 사례에서 루띠 박람회를 통해 청소년들의 정책 제안 내용이 공무원들에게 전달되어 정책화되는 과정이 여기에 해당한다.

4단계와 5단계에 해당하는 실천 및 정책화 단계는 3단계까지 운영된 청소년 참여의 결과가 실제로 영향력을 행사하고 변화를 일으킨 범위를 의미한다. 3단계에서 적용된 다양한 방법을 통해 청소년 참여 결과가 현실화되어 적용됨으로써 지역사회에 실질적인 변화가 나타난 경우, 우리는 이것을 4단계로 분류할 수 있다. 청소년들의 참여활동 결과를 반영해서 지역사회 내 산책로의 자전거 도로 안전을 강화하거나, 청소년들이 만든 콘텐츠로 관내 학교에서 자전거 이용 안전교육을 실시한 노원구 사례가 실천 단계에 해당한다. 여기에서 한 걸음 더 나아가, 그것이 정책 변화까지 이어진다면 마지막 단계인 '정책화' 단계에 해당한다.

[그림 3-5] 청소년 참여 모형 단계별 운영 방안

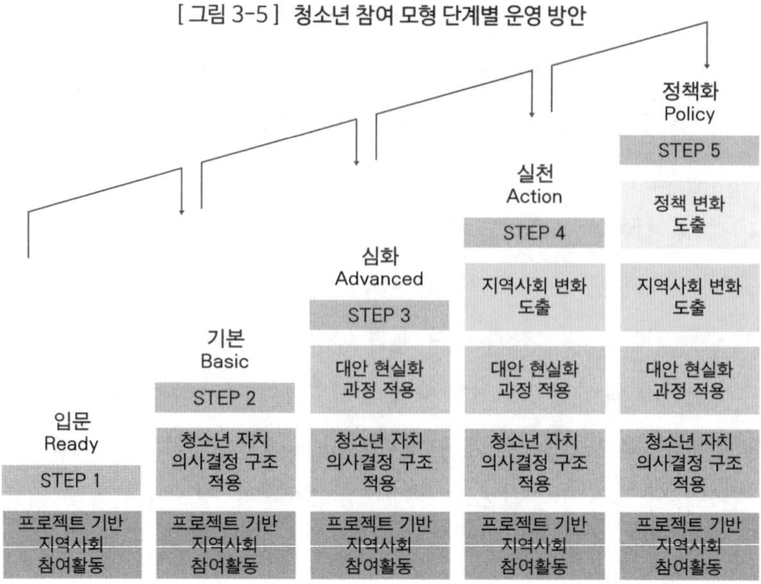

청소년 참여, 세상을 바꾸는 작지만 큰 힘

청소년 참여는 세상을 바꾸는 작지만 큰 힘이다. 청소년들이 참여활동을 통해 우리 주변에 좀 더 관심을 갖고, 세상을 더 좋은 곳으로 만들기 위한 방법을 고민하며, 그것을 현실화해 보는 경험은 무척 중요하다. 이러한 과정을 통해 다듬어진 대안들이 현실에 반영된다면, 정책 변화와 지역사회 변화를 통해 현실을 개선할 수 있다. 그리고 이러한 참여활동의 경험과 긍정적인 성과는 청소년들이 사회에 좀 더 애착과 관심을 갖고, 시민성을 기르는 데도 도움을 줄 수 있다.

청소년 참여 모델에서 제시한 일련의 방법과 과정을 거치면서 청소년들이 경험한 긍정적인 참여활동은 그 자체로 청소년 참여의 중요한 홍보 수단이자, 지속적인 참여를 이끌어 낼 수 있는 가장 강력한 동력이 될 것이다. 청소년 참여를 통해 사회에 변화가 야기되면 청소년 참여에 대한 사회 구성원들의 인식을 개선하고 청소년 참여의 중요성을 알리는 데도 크게 효과가 있을 것이다. 청소년 참여를 통해 긍정적인 참여활동 성과들이 도출되고, 성과가 피드백되어 지역사회에서 청소년 참여를 지원하는 인적·물적 자원이 확대되며, 이를 계기로 참여하는 청소년이 증대되는 선순환이 일어날 수 있는 것이다.

청소년 참여는 절대 거창하지 않다. 이 책에서 제시한 방법을 통해 누구든지 쉽게 시작할 수 있다. 더 많은 청소년이 '세상을 바꾸는 작지만 큰 힘'을 갖도록 돕는 것, 그것이야말로 어른들이 해야 할 몫이다.

2부

사례로 보는 청소년참여기구

4장 청소년참여기구, 새로운 길을 모색하다 _모상현

5장 청소년이 만들어 가는 청소년의회 이야기 _이윤주

6장 청소년참여위원회, 진화를 위한 발걸음 _이윤주

4장
청소년참여기구, 새로운 길을 모색하다

모상현

민주 사회에서 국민의 권리 중 하나는 사회 공동체의 구성원으로 공동체가 달성하고자 하는 공공의 목표를 위해 정치적 행위를 할 수 있는 주체로서 자리매김하는 것이다. 이는 주로 선거와 같은 정치적 참여의 형태로 나타날 수 있으며, 시민으로 국가 공동체 의사결정에 참여할 수 있는 실제적 시민권을 지닌 존재라는 의미를 띤다. 하지만 민법상 성인이 누리는 시민적 권리와 달리 청소년은 오랫동안 보호와 통제의 대상으로 인식되었기에 시민적 권리에 근거한 정치참여 행위의 기회는 늘 제한받아 왔다. 이는 시민으로서 청소년의 권리를 인정받을 수 없는 시대적·사회적 상황에 근거하며 주요 정책에 대한 의사결정 과정에서의 배제를 뜻한다.

최근 청소년 정치참여와 관련하여 사회적 관심이 증가하고 있다. 정책의 대상이자 수동적인 존재로만 여겨졌던 청소년을 시민성을 지닌 주체로 인정하는 인식이 확대되고 있는 것이다. 청소년의 정치적 참여 기회를 확대하고 자신의 현안과 관련된 정치 의사결정 과정에 능동적으로 참여할 수 있도록 돕는 제도적 뒷받침도 점차 확대되고 있다. 정치적 참여를 포함한 청소년의 참여는 청소년 활동의 핵심 개념으로, 청소년기 발달 과정에서는 시민권에 근거한 역량 증진이 중요하다.

보통 '참여' 개념을 바라보는 학문적 시각에 따라 다양하게 정의되고, 강조하는 내용도 상이할 수 있다. 정치학의 관점에서는 선거권을 지닌 유권자의 투표 활동과 연관이 있고 경제학에서는 경제적 활동을 통한 이익과 관련지을 수 있으며 행정학에서는 주요 의사결정 과정에서의 개입을 강조한다.[천정웅, 1998] 일반적으로 청소년의 '참여' 개념도 마찬가지로 관련 연구자의 시각과 관점에 따라 광범위하게 정의될 수 있다. 윈터[Winter, 1997]는 참여를 "청소년들이 능동적으로 자신의 생활환경에 참여하는 기회"로, 하트[Hart, 1997]는 "자신의 삶에 영향을 주는 그리고 자신이 살고 있는 지역사회에 영향을 주는 의사결정 과정을 공유하는 과정"으로 정의했다. 제니퍼[Jeniffer, 2002: 16]는 "청소년들이 자신들의 삶에 영향을 미치는 의사결정에 참여하고 영향을 주며 관심을 가지는 문제에 대하여 행동을 취할 수 있도록 권한을 주는 활동들"로 참여를 정의했다. 학자마다 유사하지만 다양한 강조점을 바탕으로 '참여'는 자발적 참여의 기회로 자신과 관련된 의사결정 과정에 영향을 미칠 수 있으며 이에 권한을 부여하는 활동임과 동시에 무엇보다 "책임과 의무를 갖고 스스로 의사결정을 할 수 있도록 포함되고, 허용되고, 장려되어야 할 청소년의 권리"[Council of Europe, 1993]로서 인정될 수 있어야 한다.

UN이나 UNESCO 같은 국제기구에서는 이를 근거로 청소년을 주체성을 지닌 독립된 인격체인 시민으로 인정하고 있으며, 이러한 시민성은 무엇보다 참여활동을 통해 드러날 수 있다. 이에 청소년의 참여는 제도적 장치를 통해 보장되어야 하며 권리로서 인정받을 수 있도록 규범적으로 안착되어야 한다.[윤민종 외, 2016]

최근에는 2019년 12월 공직선거법 개정으로 인해 청소년 참여에 대한 사회적 관심이 환기되고 있다. 지금까지 정책의 대상이었던 소극적인 청소년의 지위와 위치에서 벗어나 청소년 자신과 관련된 정치적 현안 및 사회적 이슈에 직접적으로 참여하고 정책 환경을 개선·변화할 수 있는 시민적 권리를 향유할 수 있는 존재로 인정받아야 한다.

이미 공직선거법 개정 이전부터 청소년의 정치참여 주제는 다양하게 공론화되었으며 주요 주제와 이슈에 대한 다양한 형태의 참여가 존재했다. 보통 청소년의 정치사회 참여는 직접적인 참여 형태인 선거운동 및 캠페인, 집회, 시위 등과 같은 행위 중심의 방법과 의사표현, 의견 개진을 통한 제안 및 비판 등의 대안적 방법으로 나타날 수 있다. 일부 청소년 관련 법령 등을 근거로 청소년의 참여를 활성화하기 위한 기회가 제공되기도 했지만, 궁극적으로 청소년 참여는 스스로의 의사결정에 근거한 자기결정권을 보장받을 수 있는 방안으로 자리매김되어야 한다.

이 글에서는 청소년 참여 및 참여 활성화를 위해 제도적으로 뒷받침되어 운영해 온 청소년참여기구와 청소년의회를 소개한다. 이를 통해 청소년 당사자의 정책 참여 기회 확장에 도움이 되고자 한다.

일반적으로 청소년참여기구는 크게 세 가지로 구분되는데, 청소년수련시설 중심으로 시설의 운영 등과 관련해 활동을 수행하는 '청소년운영위원회', 지방자치단체가 중심이 되어 정책 제안 등의 활동을 수행하는 '청소년참여위원회'와 중앙 단위에서 국가 차원 청소년정책 제안 등의 활동을 수행하는 '청소년특별회의'가 있다. 또한 청소년의회는 민간 주도로 지방자치단체에서 구성된 의회와 지방정부 차원에서 유니세프 아동친화도시 인증을 위한 조건으로 구성되어 조례 등을 통해 만들어진 청소년의회가 있다.

청소년참여기구

여성가족부는 청소년 참여 방안을 증진하고 이를 제도화할 수 있도록 청소년참여기구인 '청소년운영위원회', '청소년참여위원회', '청소년특별회의'를 운영·지원하고 있다. 또 다양한 매체를 활용하여 청소년의 의견을 수렴하는 등 청소년의 시민역량 강화를 위해 지원하고, 청소년 참여활동의 내실화에 기여해 왔다. 무엇보다 청소년 사회참여 기회를 모색하는 한편 'UN 세계청소년포럼', 'UN 세계청소년장관회의' 그리고 '청소년에 관한 UN총회 특별 세션'에서 채택한 〈리스본 선언〉 등을 통해 제안된 청소년 사회참여 가치가 청소년 관련 정책 과정에 반영될 수 있도록 하는 한국형 '청소년참여기구'를 운영해 왔다.[여성가족부, 2020] 여기서는 앞에서 언급한 청소년참여기구 활동에 대해 개괄적으로 살펴보고자 한다.

청소년운영위원회

전국의 청소년수련시설('청소년수련관', '청소년문화의집') 등에서는 「청소년활동진흥법」 제4조에 따라 시설의 사업, 프로그램 운영과 관련된 의사결정 과정에 청소년이 참여할 수 있도록 '청소년운영위원회'를 설치·운영하고 있다. 1998년도 「제2차 청소년육성5개년계획」에 따라 정책 추진 방향이 청소년의 자율과 참여를 장려하도록 변화해 왔고 2000년도 이후 전국 청소년수련시설 설치·운영에 대한 사업 지침상 권장 사항으로 청소년운영위원회가 구성·운영되었다. 이후 2004년 2월에 제정되고 2005년 2월에 시행된 「청소년활동진흥법」에 의거하여 법적 근거가 마련되면서 확대 설치가 더욱 가속화되기 시작했다.

청소년운영위원회의 설치 목적은 청소년수련시설 이용 청소년의 의견과 요구를 반영하여 청소년수련시설이 청소년을 중심으로 운영될 수 있도록 촉진하는 데 있다. 청소년운영위원회는 청소년수련시설의 운영 전반에 관한 심의·평가 등을 통해 시설 운영에 참여할 수 있으며, 청소년 대상 프로그램을 직접 기획·운영할 수 있다. 또한 청소년 대표로서 지역사회에서 추진하는 청소년 관련 행사에 참가하는 등 다양한 활동을 진행하고 있다.[여성가족부, 2020]

청소년운영위원회는 10인에서 20인 이내의 시설 청소년으로 구성되며, 위원의 임기는 1년이다.[「청소년활동진흥법 시행령」 제3조] 2020년 현재 청소년운영위원회는 전국 331개소의 시설에 설치되어 있다. 청소년운영위원회는 시설의 전용 공간 확보 및 환경 개선, 프로그램에 관한 모니터링 및 정책 제안·참여·평가, 홍보활동 등 다양한 활동을 통해 그

성과를 내고 있다. 또한 2012년부터 매해 전국 청소년운영위원회 대표자 워크숍을 진행하여 청소년운영위원회 활성화를 위한 방안 모색과 함께 청소년운영위원회 청소년들의 리더십과 다양한 역량 강화에 기여하고 있다. 청소년운영위원회 활성화를 위해 2013년부터 전국 청소년시설의 청소년운영위원회를 대상으로 매해 5개소씩 우수 청소년운영위원회를 선정하고 있으며, 그 운영 결과와 성과를 전국 청소년운영위원회 차원에서 공유하고 있다.[여성가족부, 2020]

청소년참여위원회

'청소년참여위원회'는 청소년 관련 정책에 당사자가 참여할 수 있도록 여성가족부와 지방자치단체에서 설치·운영하는 참여기구이다. 청소년참여위원회는 청소년정책의 형성·집행·평가 과정에 청소년이 주도적으로 참여할 수 있도록 규정화함으로써 청소년 친화적 정책을 실현하고 청소년의 권익 증진을 도모하고 있는 제도화된 기구이다. 청소년참여위원회는 1998년 「제2차 청소년육성5개년계획」에서 처음 '청소년의 정책 참여 기회 확대' 영역의 세부 사업으로 제안되면서 시작되었다. 해당 계획에 따라 1998년 11월 '문화관광부' 내에 청소년위원회가 설치된 후 전국적으로 확산되기 시작하였다. 2012년 2월에는 기본권으로서 청소년 참여의 중요성이 부각되면서 「청소년복지지원법」에 명시되어 있던 '청소년의 자치권 확대' 관련 법령이 「청소년기본법」에 이관되었으며, 이후 국가 및 지방자치단체에 청소년참여위원회 구성·운영의 의무를 법제화하였다(「청소년기본법」 2017. 12. 12. 개정, 2018. 6. 13. 시행).[여성가족부, 2020]

청소년참여위원회는 운영 주체에 따라 다소간의 차이는 있으나, 일반적으로 정기·임시회의를 통한 정부와 지자체의 청소년정책에 대한 모니터링, 청소년 의견 제안과 자문, 각종 토론회·워크숍 개최와 리더십 훈련 프로그램의 참여 등 다양한 참여활동을 하고 있다. 이러한 참여활동은 청소년의 역량을 개발하고 시민의식을 향상시키는 한편, 청소년의 권리를 증진하고 건전한 민주시민으로 성장하도록 기여하고 있다. 2020년 9월 청소년참여위원회는 여성가족부, 시·도 및 시·군·구(자치구) 지역에 총 234개가 설치·운영되고 있으며, 지방자치단체에 따라 '청소년자치위원회', '차세대위원회' 등의 서로 다른 명칭으로도 운영되고 있다. 참여위원회의 구성 인원은 10~30명 내외이며 위원의 선정은 공개 모집, 기관 추천, 청소년 선거 등 다양한 방식을 통해 이루어진다. 2020년에는 4,400여 명의 청소년이 활동하였다. 청소년참여위원회 운영예산은 2020년 기준 17개 시·도에서 각 1,000만 원(국비 500만 원, 지방비 500만 원), 216개 시·군·구에서 각 280만 원(국비 140만 원, 지방비 140만 원)을 지원받아 운영되고 있다.[여성가족부, 2020]

청소년특별회의

청소년특별회의는 전국 단위 규모의 청소년참여기구로서 「청소년기본법」 제12조에 근거해 17개 시·도 청소년과 청소년 분야의 전문가가 함께 모여 토론과 활동을 진행하며, 중앙 단위 청소년 관련 주요 정책 과제를 발굴하고 정부에 제안하여 정책화하는 기구이다. 특별회의는 2005년 「청소년기본법」에 따른 추진 근거가 마련된 후 매년 정기적으로 개최되고 있으며, 매해 제안된 정책 의제들은 청소년 의견 수렴을 위한 토론, 워크숍 및 캠페인 등을 통해 선정된 후 본회의에서 최종적으로 정부에 보고·제안된다.여성가족부, 2020

2020년도에는 청소년위원 등 500여 명이 참여하여 5~10월까지 진행된 예비회의와 본회의의 논의 과정 및 온라인 정책 제안 활동을 통해 5개 영역 33개의 청소년 관련 정책 과제를 선정하여 본회의에서 보고·제안하였다. 2005년부터 2019년까지 15년간 진행된 특별회의에서 520건의 정책 과제를 제안한 결과 약 88.7%인 461건의 과제가 정부의 청소년 관련 정책에 수용된 것으로 나타났다.여성가족부, 2020

[표 4-1] 연도별 청소년특별회의 정책의제 및 과제 제안 현황

연도	정책의제 및 과제	비고
2004 (시범)	• 청소년 인권 참여 [13개 과제 제안] - 시범사업: 청소년특별회의 연 1회 개최 정례화	
2005	• 청소년 참여 기반 확대 - 청소년정책에 청소년 참여 등 6개 영역 35개 과제 제안	31개 수용 88.6%
2006	• 청소년 성장의 사회지원망 조성 - 위기 청소년을 위한 지역사회 안전망 확대 등 5개 영역 37개 과제 제안	33개 수용 89.2%
2007	• 제4차 청소년정책기본계획 제안 - 청소년 자원봉사 체험활동의 다양화 등 18개 과제 제안	15개 수용 83.3%
2008	• 청소년의 복지와 권익이 보장되는 사회 - 리틀맘에 대한 정책 마련 등 6개 영역 35개 과제 제안	29개 수용 82.9%
2009	• 청소년, 자신의 꿈을 찾을 수 있는 사회 만들기 - 청소년 직업체험 프로그램 활성화 등 4개 영역 20개 과제 제안	14개 수용 70.0%
2010	• 자기주도적 역량 개발, 존중받는 청소년 - 체험활동을 통한 자기주도적 역량 개발 인프라 확대 등 3개 영역 53개 과제 제안	49개 수용 92.4%
2011	• 우리사회의 건전한 성문화, 건강하게 성장하는 청소년 - 유해 매체로부터의 청소년 성 보호 등 3개 영역 41개 과제 제안	36개 수용 87.8%

2012	• 자유로운 주말, 스스로 만들어 가는 청소년 활동 - 청소년 체험활동 여건 조성 등 3개 영역 30개 과제(89개 세부과제) 제안	81개 수용 91.0%
2013	• 꿈을 향한 두드림, 끼를 찾는 청소년 - 진로체험활동 등 3개 영역 29개 과제 제안	28개 수용 96.5%
2014	• 안전한 미래, 청소년의 권리와 참여로 - 청소년 참여로 만드는 안전 등 4개 영역 31개 과제 제안	28개 수용 90.3%
2015	• 청소년의 역사 이해, 미래를 향한 발걸음 - 역사교육 질적 강화 및 역사 인재 양성 등 3개 분야 23개 과제제안	20개 수용 87.0%
2016	• 틀림이 아닌 다름, 소수를 사수하라 - 학교 밖 청소년 대상 프로그램 다양화 및 활성화 등 4개 분야 29개 과제 제안	28개 수용 96.5%
2017	• 청소년, 진로라는 미로에서 꿈의 날개를 펼치다 - 진로체험 프로그램 지역사회 연계 활성화 등 3개 분야 30개 과제 제안	24개 수용 80.0%
2018	• 참여하는 청소년, 변화의 울림이 되다 - 청소년 참정권 확대 등 3개 분야 22개 과제 제안	20개 수용 90.9%
2019	• 인권, 양성평등, 학교밖청소년 지원, 안전, 경제활동 - 청소년 기초 노동 지원 프로그램 등 5개 분야 28개 과제 제안	25개 수용 89.9%
2020	• 스스로 서는 청소년, 세상의 중심에서 미래를 외치다 - '자립' 정책 영역의 취업, 정보, 보호, 경제 등 5개 분야 33개 과제 제안	32개 수용 96.9%

출처: 여성가족부(2020).

2020년에는 청소년 참여 포털[5] 사이트를 통해 온라인 정책 제안 공모를 추진하였다. 관심 있는 청소년은 누구나 온라인을 통해 정책 제안 활동에 손쉽게 참여할 수 있도록 접근성을 용이하게 하여 청소년들과의 소통 강화를 모색해 나가고 있다.여성가족부, 2020

다음의 표는 위에서 소개한 청소년참여기구의 주요 기능을 간략히 정리한 것이다.

5. 청소년 참여 포털 홈페이지. www.youth.go.kr/ywith

[표 4-2] 청소년참여기구의 주요 기능

구분	청소년운영위원회	청소년참여위원회	청소년특별회의
정의	생활권 청소년수련시설의 운영 관련 자문과 평가를 통해 청소년이 주인이 되는 시설이 되도록 마련된 제도적 기구	정부 및 지방자치단체의 청소년정책을 만들고 추진해 가는 과정에 주체적으로 참여할 수 있도록 마련된 제도적 기구	청소년 대표 및 청소년 전문가들이 청소년이 바라는 정책과제를 발굴하고 소관 부처에 건의하여 정책화하는 제도적 기구
목적	청소년수련시설의 운영 및 각종 프로그램 등을 청소년들이 직접 자문·평가토록 함으로써 청소년이 시설의 주인으로서 운영되도록 함	청소년들이 자치단체 정책 과정에 주체적으로 참여함으로써, 지역 청소년 시책의 실효성 제고 및 청소년 권익 증진 도모	범정부적 차원의 청소년 정책 설정·추진 및 점검, 청소년정책에 대한 사회적 인식과 공감대 확산
법적 근거	청소년활동진흥법 제4조 (청소년운영위원회)	청소년기본법 제5조의 2 (청소년의 자치권 확대)	청소년기본법 제12조 (청소년특별회의의 개최)
주요 기능	• 청소년들의 청소년수련시설 및 프로그램 운영에 대한 참여와 모니터링 • 지역사회 문제 해결 및 시설 및 청소년 활동의 활성화를 위한 주체적인 역할 수행	• 정부 및 지방자치단체의 청소년 관련 정책 및 사업에 대한 의견 제시, 자문 및 평가 • 청소년 관련 프로그램, 토론회, 캠페인 개최 및 참여 등	• 청소년 대표와 청소년 전문가들이 청소년 관련 이슈에 대한 토론과 실천 활동을 통해 청소년의 시각에서 청소년이 바라는 정책과제를 정부에 건의하는 회의
구성	청소년수련시설에서 구성	광역시·도 및 시·구에서 구성(여성가족부 청소년참여위원회 별도 운영)	시·도 청소년활동진흥센터에서 구성

출처: 윤민종 외, 2016의 표 인용.

청소년의회

청소년의회는 민간단체 중심으로 제안된 의회와 지방정부 차원에서 유니세프의 아동친화도시 인증을 받기 위해 지방조례를 통해 설치된 청소년의회 등으로 나뉜다.

민간단체 주도 청소년의회

민간 주도의 청소년의회가 설치된 계기는 유니세프의 〈세계 아동 현황 보고서 2003〉에 수록된 청소년 참여에 대한 보고서를 접한 전국사회교과모임으로부터 그 시원을 찾아볼 수 있다.대한민국청소년의회, 2004 유니세프의 〈세계 아동 현황 보고서 2003〉에는 아동·청소년 참여의 의의와 필요성에 대한 이론적 논의와 함께 이를 실현하는 방안으로서 세계 각국의 아동·청소년의회 사례를 수록하고 있는데, 전국사회교과모임의 교사들은 이를 주제로 아동·청소년 참여에 대한 논의를 진행하게 된다. 특히, 이 보고서에는 성인 주도의 청소년 참여를 지양하고 아동·청소년 주도의 참여 증진을 위한 인권 향상, 정책 추진, 시민성 함양 등을 위한 방안의 하나로 아동·청소년의회 모델을 제시하고 있다.UNICEF, 2002

청소년의회는 전국사회교과모임, 흥사단교육운동본부, 정의교육시민연합, 유니세프한국위원회, 민주화운동기념사회업의 주관으로 2003년 5월 전국 온라인 선거를 통해서 출범하였다. 이렇게 출범한 청소년의회는 전자민주주의 실험을 통한 디지털 시대에 맞는 청소년의 민주적 참여의식 고양 및 또래지도자 양성, 청소년의 자율적 의사 표현과 정책 반영, 청소년 인권의 보호와 주체적인 문제해결능력 신장 등을 내세우고 있다.대한민국청소년의회 홈페이지 인용 민간 주도 청소년의회의 장점 중 하나는 의회의 기능과 역할에 적합한 의사 구조의 형태를 채택하고 있다는 것이다. 의회는 다양한 민주주의 제도적 틀 중에서 시민의 의사를 전사轉寫하는 법률 제정의 역할을 담당하기에 중요한 지위를 갖게 된다.조지형, 2007 민간 주도 청소년의회의 청소년 의원들은 직접 선거 방식을 통해 선출되기 때문에 자발적 참여라는 동기 측면에서 다른 유형의 참여보다 강점이 있다. 또한 의회 중심의 의정 활동을 통해 청소년 당사자의 문제를 공론화할 수 있으며, 이를 심의하고 의사결정하는 과정에서 청소년 주도적으로 정책에 반영될 수 있도록 다양한 실천적 행동이 드러날 수 있다.[김명정, 2009]

대한민국청소년의회는 2010년 2월 제12회 임시회의 시점부터 의원들이 자체적으로 사무처를 구성하였다. 현재 단체 등록 명칭은 '대한민국청소년의회'로서 과거 의원들이 구성한 사무처(성인)로 구성되어 주관 단체에서 독립된 하나의 법인단체(사단법인)로 활동하고 있다. 과거 5개 단체가 운영했던 청소년의회는 대한민국 국민 중 만 14~18세의 국민이라면 선거권과 피선거권을 가졌었고 당시 의회의 정원은 총 100명이었다. 현재 대한민국청소년의회는 대한민국 국민 중 만 13~18세의 국민이라면 선거권과 피선거권을 가진다. 2017년 기준으로 대한민국청소년의회는 제9대 청소년의원 200여 명이 활동 중이다.[위키백과]

최근 활동을 살펴보면 '청소년국회의원' 운영으로 청소년의 인권 보호 및 권익 증진을 위한 입법 청원과 캠페인 진행, 온라인 회의와 의원총회를 통해 전국 청소년들과 교류하는 프로그램 의장단, 정치법제, 외교통상, 교육과학기술, 학생권익, 통합위원회로 구성되어 있다. 입법 청원 의정 체험 프로그램으로 정기회의와 임시회의를 개최하고 있으며, 기타 토론토의대회, 자기주장발표대회, 청소년 기자단과 비평단, 청소년 영상 뉴스와 라디오, 청소년 학교 캠프 등의 다양한 프로그램과 사업을 영위한다.[6] 그러나 청소년의회는 입법의 기능을 바탕으로 하는 실제 대의 정치적 활동보다는 프로그램 중심으로 운영되고 있는 형편이다. 의회 내 법안 제안 및 심의 등의 활동도 국회나 지자체 등의 법이나 조례 등으로 실제적으로 제안하고 입법화하는 과정보다는 '대한민국청소년의회'라는 이름이 지니는 상징성 아래 프로그램 활동으로서의 정책 제안 체계를 갖추고 있다.

지방자치단체 주도 청소년의회

지방자치단체 내에서 설치 운영하는 아동·청소년의회는 청소년들이 시의회에서 지방의회 운영 방식과 유사하게 진행하는 모의회의를 통해 당사자인 자신과 관련된 정책과 문제에 대해 자유롭게 의견을 표현하고 참여할 수 있는 권리를 보장하는 것을 목적으로 하여 설치되었다. 어린이·청소년의회는 어린이와 청소년의 정치·사회참여 의식을 높이고, 정책 결정에 참여함으로써 어린이와 청소년의 참여권을 보장하며, 건전한 토론 문화와 민주적 의사결정 체험으로 민주시민으로서의 역량을 습득하고, 어린이와 청소년들이 의회 활동을 통하여 스스로의 목소리를 당당히 드러낼 수 있는 권리 주체로서의 능력과 자질을 함양하는 것을 운영 목적으로 하고 있다.군산시, 2017

최근 지자체 차원에서 아동·청소년의회가 활발하게 설치되고 있는데, 중요한 이유는 유니세프의 아동친화도시 인증이다. 아동친화도시는 아동이 건강하고 안전하게 성장·발달하여 아동·청소년의 중요한 역량을 개발하고 그 잠재력을 극대화할 수 있는 지역사회 환경

6. 대한민국청소년의회 홈페이지. https://youthassembly.or.kr/

을 조성하여 행복한 삶을 영위할 수 있도록 구현하는 도시이다.UNICEF, 2005 유니세프 아동친화도시Child Friendly Cities Initiative: CFCI의 인증은 당사국 정부, 그중에서도 지방정부와의 강력한 파트너십을 통해 지방정부 행정체계 내에서 유엔아동권리협약이 실현될 수 있도록 하는 수단의 일환으로, 유엔아동권리협약에 담긴 아동의 권리를 온전히 실현하고 아동이 보다 나은 삶을 영위하도록 지자체 단위에서 아동 친화적인 환경을 조성하는 것이다. 무엇보다 지역사회에서 사는 아동은 자신과 관련된 사안에 대해 당사자의 의견을 표명하며 지역사회 의사결정 과정에 적극적으로 참여하는 과정을 통해 권리의 주체로서 책임감 있고 건강한 민주시민으로 성장할 수 있다.유니세프 한국위원회, 2019

이와 함께 아동·청소년의 건강한 발달과 성장을 위해 가정, 학교 및 지역사회에 산재되어 있는 위험한 환경적 요인을 제거하고 안전하고 아동친화적인 양육 및 교육환경을 마련하며, 아동을 위한 서비스와 다양한 체험 프로그램을 할 수 있는 기회와 공간이 적절히 제공될 수 있도록 마을을 조성해야 한다고 강조하고 있다.Malone, K., 2009 2004년 처음으로 아동친화도시의 구성 요소를 제시한 유니세프는 한국 아동친화도시 인증을 위해 갖추어야 할 필수 요소로 '아동의 안전을 위한 조치'를 추가하여 10가지 구성 요소를 기반으로 조성되었다. 10가지 조성 요소는 아래와 같다.

지자체는 유니세프의 아동친화도시 인증을 받기 위해서 그림에서 제시한 10가지 기본 요소를 충족해야 하며, 무엇보다 청소년 당사자의 참여를 활성화하고 아동·청소년의 참여 정책 등을 실제화할 수

[그림 4-1] **유니세프 아동친화도시 10가지 구성 요소**

출처: 유니세프한국위원회, 2019.

있도록 각 지자체별로 아동·청소년의회 조례를 제정하여 운영해야 한다.

최근 들어 아동친화도시 조성을 추진하는 지방정부가 증가하는 추세이다. 2015년 9월 14일 서울 종로구 창성동 유니세프한국위원회에서 전국 27개 지방자치단체 대표 및 관계자들이 모인 가운데 '아동친화도시 추진 지방정부 협의회' 창립총회가 개최되었고, 지방정부 단위에서는 유니세프로 아동친화도시를 인증받기 위해 2021년 8월 기준 전국 112개 지방자치단체가 승인을 요청하고 있으며 그중 54개 지자체가 인증을 획득하였다.[7]

7. 유니세프 아동친화도시 홈페이지. http://childfriendlycities.kr/

실제적 권한을 보장하여 청소년 참여활동을 전문화해야

지금까지 청소년의 참여와 관련하여 참여기구 및 청소년의회를 중심으로 살펴보았다. 청소년참여기구와 청소년의회는 그 설립 취지에 맞게 각각의 정체성을 확립하여 그 기능과 역할에 충실해 왔지만 그 한계점도 분명히 노정되어 있기에 청소년 참여 활성화 관점에서 시사점을 살펴보는 것도 의미가 있을 것이다.

먼저 청소년참여기구는 청소년들의 참여를 제도적으로 보장하고 이를 활성화할 수 있는 장치를 마련했다는 점에서는 의미가 있지만 실제적인 권한과 관련하여 여전히 형식적 기구에 머물 수밖에 없다는 한계가 있다. 참여기구 청소년들의 정치사회적 참여는 정책을 제안하고 논의하는 과정에서 나름대로 형식적인 여건을 갖추어 활동하지만 실제 정책 집행 권한이 부여되지 않아 청소년들이 제안한 주요 정책들이 실현되지 않는 경우가 많다. 무엇보다 청소년참여기구에서 활동하는 청소년들이 제안한 의견이나 정책 제안 등을 국가, 지자체 및 청소년수련시설 단위에 전달하는 메신저 역할에만 국한되어 있다는 것이 문제다.

청소년의회는 현실 정치에서 민간 단위 청소년의회의 경우 단지 프로그램 차원에서의 권한 활동일 뿐 입법권 등 중요 권한이 부여되지 못하는 의회라는 한계가 있다. 또한 아동친화도시 인증을 위해 설치된 지자체 단위 청소년의회는 여전히 실제적인 지자체 청소년 관련 정책의 입법 제안과 예산 심의 및 의결권 등에 대한 권한조차 부여받지 못하고 있다. 두 청소년의회의 활동이 실제적인 입법(조례)

에 대한 심의 및 제정 권한과 예산 심의 및 확정 등의 실제적인 정치 참여보다는 프로그램 위주의 교육활동과 캠페인 중심 활동으로 주로 진행된다는 것이다.

이러한 문제점을 개선하고 참여기구 및 의회의 목적에 비추어 각각의 정체성에 적합한 역할과 기능을 수행하기 위해서는 참여기구와 의회에 실제적 권한을 보장하여 청소년 참여활동을 전문화하는 지원 방안이 필요하다.

5장
청소년이 만들어 가는 청소년의회 이야기[8]

이윤주

청소년이 만들어 가는 청소년의회란 무엇인가

참여란 사람들이 자신의 일상생활에서 겪는 문제에 대해 관심을 가지고 결정하는 과정에 포함되는 것을 의미한다. 더 구체적으로 살펴보자면 형식적인 또는 비형식적인 기구나 주체들을 통해 주거·복지·건강 등의 영역에 있어서 소득·인종·민족 집단·도시와 농어촌 지역에 거주하는 사람들의 다양성을 고려하여 결정 과정이 이뤄지는 것을 의미한다.이윤주·정상우, 2018 이러한 일련의 과정은 마을공동체 회의나 의회 참여, 선거, 집회 등의 다양한 방식으로 표현될 수 있으며, 이는 중앙 또는 지자체 내 정책 결정권자에게 영향을 미친다. 특히, 청소년 정치참여는 청소년이 주체가 되어 본인이 해당하는 지역사회의 공공정책 결정에 참여하는 것이 가장 중요한 특징이라 볼 수 있

8. 이 글의 내용은 한국청소년정책연구원이 2018년에 발간한 서울특별시 수탁용역 보고서인 「청소년의회 운영 개선방안 연구」(이윤주, 오해섭, 유설희, 배진우, 이루다) 내용에 기반을 두고 있음.

다.[이윤주, 2017] 나아가 청소년의 일상과 연계된 것으로서 자신에게 관련된 정책에 관심을 가지고 정책 결정 주체로서 과정에 관여하고, 성인과 함께 정책 제정에서의 파트너십을 통해 함께 토론하고 논의하는 과정 전반이 모두 정치참여에 포함된다.[이윤주, 2018]

2013년도부터 지자체별로 아동친화도시 선정 등과 관련하여 청소년 참여 권리 확장을 위한 프로그램 개발 및 지원 규모가 증가하고 있다. 이 중 지자체에서 수행하는 청소년의회는 지자체의 대표적인 청소년 참여 사업으로 청소년예산 심의, 청소년정책 제안 및 모니터링, 청소년정책 의견 수렴 등의 활동을 수행하고 있다. 이를 통해 청소년들은 직접 정당을 만들고 정책을 제안하고 심의함으로써 국회나 지방의회가 하는 일을 간접적으로 경험한다. 이러한 과정에서 공동체의식과 시민성을 함양할 수 있으며 민주주의를 생생하게 체험할 수 있다. 김영인[2007]의 연구에 의하면, 대한민국청소년의회 활동 참여는 정치효능감, 정치 신뢰, 관용, 참여의식과 정적인 상관관계를 나타냈다. 여기에서 알 수 있듯이 청소년의회 참여는 청소년의 시민성 함양에 긍정적인 영향을 가져온다.

사례 1: 서울특별시 어린이·청소년의회

서울시 또한 시 차원에서 운영하는 어린이·청소년의회와 더불어 각 기초자치단체 중심으로 2020년 기준, 전체 25개구 중 15개구(중구, 광진구, 성북구, 강북구, 도봉구, 은평구, 서대문구, 금천구, 관악구, 동작구, 강동구, 용산구, 양천구, 구로구, 동대문구)에서 청소년의회를 운영하고 있다. 더불어 광역 및 자치구별 조례 및 운영 목적에 따라 어린이와 청소년이 함께 활동하는 어린이·청소년의회 또는 청소년만 활동하는 청소년의회를 운영한다. 초등학생을 포함한 어린이·청소년의회 형태로 운영하는 자치구는 강동구, 강북구, 관악구, 광진구, 도봉구, 성북구, 중구 등이고 중·고교생, 학교 밖 청소년 등의 청소년을 대상으로 한 청소년의회 형태로 운영하는 자치구는 서울시를 포함하여 금천구, 동작구, 서대문구, 은평구 등이 있다.

청소년의회의 활동 내용을 살펴보면 주로 아동·청소년과 관련된 정책에 대한 자문, 정책 제안과 모니터링을 실시하며, 청소년정책과 관련된 예산의 심의·의결을 중심으로 한다. 특히, 서울시에서 청소년 참여예산제를 함께 실시하는 자치구는 강동구, 서대문구, 성북구, 은평구가 있으며, 지속적으로 더 많은 지역에서 청소년의회 기능에 참여예산제를 포함하여 확대해 가고 있다.

[표 5-1] 서울특별시 광역 및 기초자치단체 청소년의회 구성 및 활동 내용

구분	구성 시기	임기 (활동 시기)	조직 구성	주요 활동 내용
서울시	매년 5월	1년 (당년 5월 ~익년 4월)	• 의장(1), 부의장(1), 상임위원장(5), 부위원장(5) • 상임위원회(5): 교육, 권리, 문화, 복지, 환경 • 청소년 서포터즈(10)	• 청소년정책 및 예산 심의 의결 • 청소년정책 자문 및 모니터링 등
강동구	매년 11월	1년 (당년 11월 ~익년 10월)	• 의장(1), 부의장(1), 상임위원장(3) • 상임위원회(3): 안전복지, 인권권리, 교육문화	• 아동·청소년정책 제안, 자문 및 모니터링 • 청소년 참여예산 사업 심의 등

강북구	매년 6월	1년 (당년 5월 ~익년 4월)	• 의장(1), 부의장(1), 상임위원장(3), 부위원장(3) • 상임위원회(3): 교육문화, 복지, 안전	• 청소년정책 자문 및 모니터링 • 청소년 문화 행사, 축제 참여 • 청소년정책 제언
관악구	3월	1년 (당년 3월 ~12월)	• 의장(1), 부의장(2), 상임위원장(3) • 상임위원회(3): 의회 운영, 기획예산, 홍보소통	• 청소년정책 관련 심의 의결 • 청소년정책 캠페인 등 자치활동
광진구	10월	1년 (~익년 12월)	• 의장(1), 부의장(1), 상임위원장(2) • 상임위원회(3): 초등, 중등, 고등	• 아동·청소년 정책과제 발굴 및 지역 현안 사항 의견 수렴 • 아동·청소년의회 의원 교육 및 청소년 자치활동 • 청소년 참여예산 참여
금천구	4월	1년 (당년 4월 ~익년 3월)	• 의장(1), 부의장(1), 정당대표(4) • 4개 정당 구성	• 청소년정책 및 예산 심의 의결 • 청소년정책 자문 및 모니터링 등
도봉구	매년 3월	1년 (당년 3월 ~익년 2월)	• 의장(1), 부의장(1), 상임위원장(4), 간사(4) • 상임위원회(4): 교육, 문화·예술, 복지, 안전	• 아동정책 구성 및 의결 • 아동권리 증진 관련 활동 등
동작구	매년 3월	1년 (당년 3월 ~익년 2월)	• 의장(1), 부의장(1), 상임위원장(3), 부위원장(3) • 상임위원회(3): 안전, 인권, 문화	• 청소년정책 및 예산 심의 의결 • 청소년 관련 모니터링 • 청소년정책 플랫폼 형성
서대문구	매년 3월	10개월 (당년 3월 ~12월)	• 의장(2), 부의장(2) • 위원회(5개 내외) • 성인지원단	• 청소년 참여예산 심의 의결 • 지역사회 조사 및 미래 법안 제안 등
성북구	매년 5월	8개월 (당년 5월 ~12월)	• 의장(1), 부의장(1), 상임위원장(3), 부위원장(3) • 상임위원회(3): 교육문화, 복지안전, 아동권리	• 어린이·청소년정책 관련 조례 제정 • 어린이·청소년정책 참여 및 의견 제출
은평구	매년 4월	1년 (당년 4월 ~익년 2월)	• 의장(1), 부의장(1), 상임위원장(4), 부위원장(4) • 상임위원회(4): 교육(문화), 복지, 정책	• 청소년정책, 사업, 예산 편성, 입법 제안 의견 수렴
중구	4월	9개월 (당년 4월 ~12월)	• 의장(1), 부의장(1), 상임위원장, 부위원장 • 상임위원회(3): 교육문화, 복지안전, 아동권리	• 아동정책 및 모니터링

*기초자치단체 순서는 가나다순임.

출처: 저자 작성.

● 금천구청소년의회 활동 소개

2021년 금천구 청소년의회는 사회적 거리두기로 인해 11월이 돼서야 개원했다. 행사 주제는 '코로나19를 이기고 청소년 자치의 꽃을 피우다'였다. 본 의회는 전국의 청소년참여기구 최초로 정당명부식 비례대표제를 채택하였다. 각 분과는 정책을 갖고 총회를 열어 정당을 구성한다. 각 정당은 정책을 공약으로 삼고 비전과 브랜드를 구축하며 캠페인을 진행한다. 지역 청소년은 자신의 삶에 영향을 미칠 공약 내용을 검토하고 각 정당에 투표를 한다. 총 20석으로 구성된 의회는 각 정당의 투표율에 연동하여 비례대표를 선출하여 구성된다.

2021년도 총선거에서 가장 많은 득표를 얻은 정당은 기후변화에 대처하기 위한 환경 관련 실천을 도모하는 '지구를 구한당'이었다. 청소년 인권을 개선하고자 하는 '권리는우리담당'과 진로와 공교육에 관심을 두고 있는 '미래를꿈꾸당'이 그다음으로 표를 많이 얻었다. 일상 속에 숨어 있는 차별과 불평등을 타파하자는 '우리는다를게없당'이 새롭게 등장하기도 했다. 이처럼 코로나19로 대면 활동이 매우 어려워졌지만 청소년의 관심사는 범세계적 문제로 확장된 것을 확인할 수 있다. 또한 청소년이 지역의 미래 주민이자 세계시민으로서 다양한 가치를 고려하는 모습을 엿볼 수 있다. 청소년의원은 첫째 청소년에게 영향을 미치는 교육, 청소년 분야의 예산을 직접 심의한다. 둘째 지역사회를 조직하는 민주적 절차에 관여하는데 대표적인 것이 조례 제정이다. 셋째 지역 청소년의 문제 해결을 위해 소규모 단위의 팀워크를 기반으로 활동한다.

_김규진(2021)의 내용 중 일부를 발췌하여 정리함

사례 2: 광주광역시 어린이·청소년의회

「어린이·청소년 친화도시 조성 조례」 제7조 제2항, 「광주광역시 어린이·청소년의회 구성 및 운영 규칙」을 법적 근거로 삼고 있다. 운영 목적은 어린이·청소년의 정책 참여를 보장하고, 어린이·청소년이 직접 정책을 만드는 환경을 마련하기 위한 것이다. 광주광역시 어린이·청소년의회의 기능은 다음과 같다.

- 어린이·청소년 관련 정책에 대한 자문·심의 등의 절차에 참여 또는 의견 수렴
- 어린이·청소년과 관련된 정책·예산 수립과정에 참여 또는 의견 수렴
- 어린이·청소년 참여예산의 심의·확정 등

광주광역시 어린이·청소년의회 구성 및 운영 방안을 살펴보면, 어린이·청소년 의원 수는 23명 이내로 하고 있으며 선출 방법은 의원은 보통·평등·직접·비밀 선거에 따라 매년 11월에 선출하는 것을

원칙으로 한다. 광주광역시에 거주하는 만 9세부터 19세 미만의 어린이·청소년은 선거권 및 피선거권을 가진다. 선거 관련 사무를 위해 사무국에서 선거관리위원회를 구성하고, 선거관리위원회는 선거 관련 모든 규정 등을 정하거나 의결한다. 선거관리위원회 구성은 광주광역시에 거주하는 만 9세 이상 24세 이하의 어린이·청소년을 위원으로 위촉하고 있다.

광주광역시 어린이·청소년의원의 임기는 1년으로 하되 의원위촉장을 받음과 동시에 시작하고, 차기 의원이 의원위촉장을 받음과 동시에 만료된다. 의원이 임기 중 사직하고자 할 경우에는 사직서를 의장단에게 제출해야 하며, 의장단이 심사 후 수리하는 절차를 거친다. 이에 따라 의원 궐원이 생긴 때에는 궐원된 의원이 선거 당시에 소속한 정당의 비례대표의원 후보자 명부에 기재된 순위에 따라 궐원된 의원의 의석을 승계한다.

회의 운영에서 어린이·청소년의회의 정기회의는 연 2회 개최하고, 임시회의는 의장이 필요하다고 인정할 때나 의원 3분의 1 이상의 동의가 있는 경우에 소집한다. 의원의 의사진행 발언은 의장의 허가를 받아 발언할 수 있으며, 재적의원이 과반수 출석해야 개의하고 출석의원의 과반수가 찬성하면 의결하는 것을 원칙으로 한다. 광주광역시 어린이·청소년의회 조직은 다음과 같다.

- 의장단은 의장 1인과 부의장 1인, 간사 1인으로 구성되며, 재적의원 과반수가 출석한 본회의에서 무기명 투표로 선출됨.
- 의장단 산하 상임위원회(교육위원회, 환경복지위원회, 자치위원회)

와 특별위원회, 의회 사무국이 구성되어 있음.

• 상임위원회 배정은 의원의 희망에 따라 이루어지며, 상임위원회는 분과별로 위원장 1인, 상임위원회 위원 6명 내외로 구성됨.

[그림 5-1] **광주광역시 어린이·청소년의회 조직도**

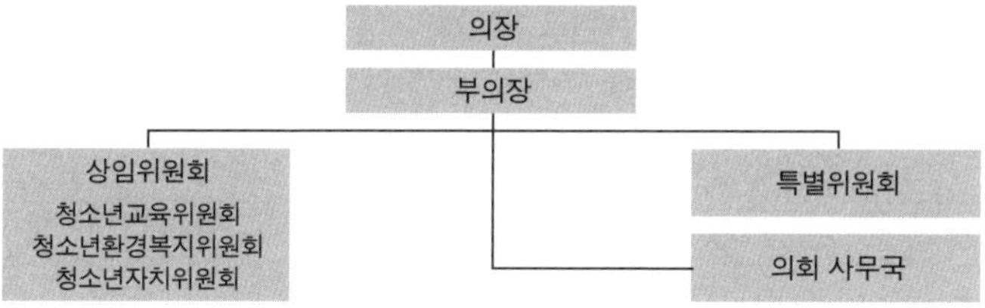

출처: 제2대 광주광역시 어린이·청소년의회 조직도.
청소년활동포털 다잇다 웹사이트 http://daitda.or.kr/child에서 인출.

2017년 제1대 광주광역시 어린이·청소년의회가 개원하였다. 제1대 의회의 경우, 11월 3주간 실시된 총선거에서 광주지역 청소년 유권자 18만여 명 중 9,425명(5.2%)이 투표를 하였다. 정당별로 '모꼬지당' 5석, '두드림당' 5석, '사람답게살고싶당' 4석, '청소년이참여한당' 3석, '동동당' 3석, '혁신당' 2석을 획득하였다. 비례대표 22명은 초등학교 3학년부터 고등학교 2학년 중 남학생 4명, 여학생 18명으로 구성되었다.

[표 5-2] **광주광역시 어린이·청소년의회 추진 과정**

일정	내용
2018. 10. 15.	제1대 광주광역시 어린이·청소년의회 선거활동 선포식
2018. 11. 5~11. 27.	제1대 광주광역시 어린이·청소년의회 총선거
2018. 11. 29.	제1대 광주광역시 어린이·청소년의회 선거 결과 발표
2019. 1. 18.	제1대 광주광역시 어린이·청소년의회 개원식
2019. 2. 28.	제1대 광주광역시 어린이·청소년의회 시의원 초청 간담회

2019. 5. 21.	제1대 광주광역시 어린이·청소년의회 서천청소년기획단 교류 행사
2019. 5. 28~6. 9.	제1대 광주광역시 어린이·청소년의회 상임위원회
2019. 6. 17.	제1대 광주광역시 어린이·청소년의회 제1차 본회의
2019. 7. 7.	광주광역시 어린이·청소년의회 제3차 추진위원회
2019. 9. 16~9. 17.	광주광역시 어린이·청소년의회 행복한 미래포럼
2019. 9~2019. 12.	광주광역시 어린이·청소년의회 청소년 참여예산 공모대회 및 시상
2019. 10. 31.	광주광역시 어린이·청소년의회 제4차 추진위원회
2019. 9. 25~10. 13.	제2대 광주광역시 어린이·청소년의회 정당별 후보자 등록 및 선거운동 시작
2019. 11. 4~11. 24.	제2대 광주광역시 어린이·청소년의회 총선거
2019. 12. 22.	광주광역시 어린이·청소년의회 제5차 추진위원회
2019. 12. 28.	광주광역시 어린이·청소년의회&광주광역시의회 업무협약(MOU) 체결

출처: 광주광역시 어린이·청소년의회 추진 경과 표로 재구성.
청소년활동포털 다잇다 웹사이트 http://daitda.or.kr/child에서 인출.

[표 5-3] **광주광역시 어린이·청소년의회 주요 일정**

일정	내용
제2대 광주광역시 어린이·청소년의회 개원식	• 일정: 1월 24일(수) • 대상: 광주광역시 어린이·청소년의회 2대 의원 22명 • 장소: 광주광역시의회 본회의장 • 내용: 광주광역시 어린이·청소년의회 의장·부의장 선출, 광주광역시 어린이·청소년의회 2대 의원 당선증 및 의원 배지 수여, 축사(광주광역시 부시장, 광주광역시의장, 광주광역시 교육감), 의원 선서
제2대 광주광역시 어린이·청소년의회 정기회의	• 일정: 매달 첫째 주 수요일, 셋째 주 토요일(월 2회) • 대상: 광주광역시 어린이·청소년의회 2대 의원 22명 • 내용: 어린이·청소년정책 제안 관련 논의, 의원활동 계획 수립 및 진행
제2대 광주광역시 어린이·청소년의회 본회의	• 일정: 6월, 10월 • 대상: 제2대 광주광역시 어린이·청소년의회 1대 의원 22명(3개 상임위원회) • 내용: 제2대 광주광역시 어린이·청소년의회 1차 본회의
청소년 참여예산제	• 일정: 9월~11월 • 대상: 광주광역시 내 10대 시민 • 목적: 광주광역시 내 어린이·청소년들이 직접 당사자에게 필요한 정책 및 사업을 제안 • 내용: 광주광역시 내 10대 시민을 대상으로 한 어린이·청소년 참여예산 공모전

선거관리위원회 위원 모집	• 일정: 6월 • 대상: 선거관리위원회 • 내용: 제2대 광주광역시 어린이·청소년의회 운영 및 제3대 광주광역시 어린이·청소년의회 총선거를 위한 선거관리위원 모집 및 위촉
선거관리위원회 위촉식	• 일정: 8월 12일(일) • 대상: 광주광역시 내 10대 시민 • 내용: 제3대 광주광역시 어린이·청소년의회 선관위 위촉
선거관리위원회 운영	• 일정: 7월~12월 • 대상: 광주광역시 어린이·청소년의회 선거관리위원회 • 내용: 의회 정당관리, 선거관리 구성(선거 규칙 제정 및 수정), 광주광역시 어린이·청소년의회 홍보, 정당 등록 및 후보자 등록 관리, 선거운동 지원(후보 정당 토론회, 선거방송, 선거투표소 관리 등)

출처: 광주광역시 어린이·청소년의회 주요 일정 표로 재구성.
청소년활동포털 다잇다 웹사이트 http://daitda.or.kr/child에서 인출.

사례 3: 충청남도 아산시 어린이·청소년의회

「아산시 어린이·청소년의회 구성 및 운영에 관한 조례」를 법적 근거로 삼고 있으며, 아산시 관내 어린이와 청소년들이 자신과 관련된 모든 정책과 문제에 대해 자유롭게 의견을 표현할 수 있는 권리를 보장하고자 한다. 아산시 어린이·청소년의회의 기능은 다음과 같다.

- 어린이·청소년정책과 예산에 대한 의견 수렴
- 수렴된 의견을 반영하여 어린이·청소년정책과 예산 편성 의견 제출
- 그 밖에 의회의 목적 달성에 필요한 사항

아산시 어린이·청소년의회의 의원 수는 60명 내외로 하며, 의회 구성은 초·중·고등학생 각 연령대 비율이 동등하도록 한다. 초등학생의 경우, 원활한 회의 운영을 위해 5~6학년으로 제한하고 있다. 의회 의원은 공개 모집하여 심사 후 선정하는 것을 원칙으로 한다. 공개모집에 응한 어린이·청소년 중 거주지 및 성별 등을 고려하여 심사를 통해 적정 인원을 선정한다. 단, 장애·다문화 등의 특수 계층은 신청자가 없을 경우에 한해 추천 방식을 사용할 수 있다. 의원의 임기는 1년이며 이사, 전학 등의 사유로 시에 주민등록이 되어 있지 않은 경우나 학업, 건강 등 개인 사정으로 의원의 직무를 수행할 수 없는 경우에는 사퇴할 수 있다. 의원이 임기 중 사퇴하고자 할 경우 사퇴서를 의장에게 제출해야 한다. 회의 운영 과정은 청소년 의원이 중심이 되어 구성하였다. 운영 과정 및 조직은 다음과 같이 규정된다.

아산시 어린이·청소년의회 운영

① 의회 연간 회의 일수는 정기회의와 임시회의를 합해 20일 이내로 하며, 정기회의는 하계·동계 방학 기간 동안 연 2회 개최함.

② 임시회의는 의장이 소집하거나 의원 3분의 1 이상의 요구가 있을 경우, 시장이 필요하다고 인정하는 경우에 소집할 수 있음.

③ 의원의 의사진행 발언은 의장의 허가를 받아 발언할 수 있으며, 재적의원 과반수 출석으로 개의하고 출석의원 과반수의 찬성으로 의결함.

아산시 어린이·청소년의회 조직

- 의장단은 의장 1명과 부의장 남·여 각 1명으로 구성되어 있으며, 본회의에서 무기명 투표로 선출됨.
- 상임위원회는 교육문화위원회, 복지안전위원회, 아동권리위원회 등 3개 분과로 구성되어 있음.
- 상임위원회는 20명 내외 의원을 희망에 따라 배정하되 연령을 고려하여 초·중·고등학생을 골고루 안배하며, 분과별 위원장 1인과 초·중·고 연령대별 간사 1인씩 두어 상임위원장 부재 시 간사 중 1명이 위원장의 직무를 대행함.

아산시 어린이·청소년의회는 지방의회 역할과 기능 등 의회 운영과 관련된 교육에 참여하고 의장단 선거 및 선정된 안건과 관련된 모의의회 체험, 시책이나 사업에 대한 정책 제안 및 모니터링 활동을 통해 의원 역할에 대한 기본 이해를 익히게 된다. 그 이후, 본회의 활동을 준비하면서 본격적으로 청소년의회 의원으로서의 활동을 경험한다.

아산시 어린이·청소년의회 1차 본회의 안건을 살펴보면, 실제 청소년들이 학교와 일상에서 경험한 내용을 바탕으로 제안된 내용이 많아 흥미롭다. 교육문화위원회, 복지안전위원회, 아동권리위원회로 구분된 세 개의 상임위원회는 각 주제에 따라 청소년들의 눈높이에 맞춘 주제들이 선정되었다. 먼저 교육문화위원회에서는 선거교육과 청소년 의견함 설치, 교육 청원을 제안하였다. 선거교육과 관련해서는 학교 수업을 통해서는 정치참여와 관련하여 실천 차원에서의 교육의 필요성을 앞세워 제시하였다. 이는 청소년들이 사회문제에 많은 관심이 있음을 알 수 있다. 또한 청소년 의견함 설치나 교육 청원은 청소년이 자신들의 교육 문제에 자유롭게 의견을 제시할 수 있는 플랫폼의 부재에 대한 문제 제기로 시작되었다. 이 두 개 안건 모두 원안 가결되어서 이후 아산시 청소년 교육정책 수립 시 반영하는 것을 약속하였다.

또한 복지안전위원회에서는 스쿨존 안전사고 예방 및 단속을 강화하는 것을 제안함으로써 통학길에서 발생하는 교통사고를 줄이기 위한 구체적인 방안을 제시하기도 하였다. 아동권리위원회는 시험 시 좌석 배치를 다양하게 선정할 수 있는 제안을 하고 학교 노후 시설 개선에 대한 구체적인 안건을 발표하였다. 이에 아산시 어린이·청소년의회 본회의 안건인 6건 중 제안 설명과 질의응답을 통해 총 4건의 안건이 찬성 의결되었다. 그 결과, 아산시에서는 가결된 안건들을 관련과(부서) 및 기관 등에 전달하여 구체적인 실천 방안을 모색하고 정책으로 실현시키겠다고 약속을 하였다. 여기에서 알 수 있듯이 청소년의회라는 기구를 통해 지역사회 청소년들이 자신들의 일상에서 불편한 점이나 해결하고 싶은 문제를 중심으로 시 차원에 제안하고 있었다. 청소년들은 지자체에 단순히 불편함을 호소하거나 문제 제기를 하는 수준에서 더 나아가 구체적인 해결 방안까지도 함께 제안함으로써 문제 해결을 위한 노력을 시도하였다. 이는 청소년도 시민의 일원으로 자신의 일상을 더욱 쾌적하게 개선하기 위한 노력을 꾸준히 하고 있다는 것을 시사한다. 따라서 청소년들의 움직임이 지속적으로 진행되기 위해서는 이들이 정치적 효능감을 가질 수 있도록 제도적 차원에서도 꾸준히 뒷받침해 주어야 할 것이다.

[표 5-4] **아산시 어린이·청소년의회 1차 본회의 안건 사례**

의안번호	상임위원회	안건	위원회 심사 결과
1	교육문화위원회	선거교육 실시	원안 가결
2		청소년 의견함 설치 및 교육 청원 실시	원안 가결
3	복지안전위원회	스쿨존 안전사고 예방 및 단속 강화	수정 가결
4		고등학교 교과서 선택권 부여	수정 가결
5	아동권리위원회	시험 시 좌석 배치 다양화	원안 가결
6		학교 노후시설 개선	원안 가결

출처: 아산시 교육지원담당관 내부 자료.

● 나를 성장시켜 준 청소년의회

처음에는 아산시에 청소년들이 주축으로 하는 활동이 없는 줄 알았다. 평소에 학생회나 동아리 같은 학생들이 주가 되어 활동하는 것을 좋아했기 때문에 지원했다. 청소년의회에 대해서는 아버지께서 알려 주셔서 알게 되었다. 내가 활동한 시기가 고등학교를 다닐 때라서 학업에 집중하기 위해서 의회에 들어가는 것에 대해서 많은 고민을 했다. 그래서 아산시 어린이·청소년의회가 어떤 활동을 하는지 찾아보았더니 학생들을 위해서 직접 정책을 만들고 제안하는 일을 하는 것이었다. 그땐 청소년이었기 때문에 학생들을 위한 정책에 관심이 많았고, 교육에도 관심이 많았고, 항상 정책에 대해서 불만이 있어도 그 정책에 대해 좋은 아이디어가 생각나도 나의 목소리를 전달할 방법이 없었기 때문에 답답한 마음만 앞섰다. 그렇기 때문에 이 의회에 들어가서 나의 목소리를 전해야겠다고 생각했고, 그렇게 되면 학생들을 위해서 나아가 아산시 청소년의 미래를 위해서 조금이나마 기여를 할 수 있을 거라는 생각에 지원하게 되었다. 그렇게 의회 활동을 하게 되었지만 약간의 불만이었던 점이 있었다. 바로 연령대가 너무 다양한 것이었다. 초등학생부터 고등학생까지 실질적인 나이 차이는 크게 나지 않지만 지금까지 배운 학습량이 달라서 초등학생은 그렇게 큰 도움이 되지 못할 것이라고 생각했다. 하지만 나의 예상은 완전 빗나갔다. 오히려 여러 연령대에서 다양한 생각이 나오니까 안건에 대한 아이디어를 낼 때 많은 도움이 되었다. 또한 초등학생들은 도움이 되지 못한다고 생각했던 나 자신이 부끄러울 정도로 적극적이고 오히려 중·고등학생보다 참여율도 좋고 많은 생각을 가진 친구들이 많았다. 초등학생의 순수함과 중·고등학생의 지식이 합해지니 더욱 큰 시너지도 낼 수 있었다.

또한 많은 학교 학생들이 모였고, 다양한 형태의 학교(자사고, 특목고, 일반고 등)가 모이니까 여러 보완점이나 문제점, 학생들의 소리를 보다 다양하게 들을 수 있었던 것이 좋았다. 이런 다양한 의견을 세 분과로 나누어서 세세하게 안건을 만들 수 있던 점이 좋았다. 그 세 개의 분과도 가장 학생들에게 필요하고 의미 있었다고 생각한다. 교육문화위원회, 복지안전위원회, 아동권리위원회로 나누어 체계적으로 안건을 만들고 또 그 안건을 두 차례의 본회의에서 발의할 때 어른들의 적극적인 모습도 본보기가 되었다. 시의회 의장님과 시장님 앞에서 직접 말하고 조언도 받으니까 정말 함께 정책을 만들어 간다는 생각이 들어서 뿌듯한 마음도 들었다. 그렇게 참여해 주시니 실감도 나고 우리도 정말 반영될 수 있다는 생각과 사명감을 갖고 더욱 적극적으로 열심히 했던 것 같다. 그리고 안건이 실제로 실행되는지 아닌지를 빠른 시간에 알려 주는 것과 실행이 되면 왜 실행되는지 어떤 방식으로 실행될 것인지, 장기 검토면 왜 장기 검토인지 정확히 전달해 주는 것이 다음 안건 회의에 큰 도움을 받을 수 있었고, 더욱 신중하게 안건을 만들 수 있어서 좋았다.

안건을 만드는 일도 뿌듯하고 좋지만 2년 동안 가장 기억에 남는 활동은 전국의 청소년 자치권 확대를 목적으로 만들어진 기구(청소년의회, 청소년참여위원회 등)가 모두 모여 정책을 연구하는 활동을 한 것이 가장 기억에 남았다. 전국 학생들이 합숙을 하며 정책을 만들었던 것이 배울 점도 많고 견문도 넓힐 수 있었고, 무엇보다 전국 단위로 정책을 생각하니 더욱 수준 높은 생각을 하게 되었고, 우리 지역에 대해서도 어떤 것들이 부족한지 생각할 수 있게 되고, 이러한 점은 우리 지역이 발전되어 있구나 하면서 비교해서 들을 수 있었던 것도 좋았다.

이렇게 의미 있는 활동을 하면서 많은 생각을 했다. 우리를 도와주셨던 멘토 선생님들과, 시장님, 의장님, 시청공무원 등 여러 많은 관계자분들처럼 청소년을 위해서 힘쓰는 분들이 많다는 것을 느끼고, 나의 청소년 시기 많은 불만을 가진 것에 반성을 하게 되었다. 많은 생각을 하고 많은 안건을 제안해도 이를 가로막는 여러 요인이 있어서 실행할 수 없음을 느꼈기 때문이다. 그리고 든든한 마음도 들었다. 소수의 인원이지만 이렇게 깊은 생각과 성숙함을 가진 학생들이 있구나 하는 생각이 들었기 때문이다. 아쉬움도 많이 남았다. 시에서 많이 지원해 주고 주변에서 많이 도움을 주시는 완벽한 환경에서 더 좋은 안건을 내지 못했던 아쉬움과 다 끝나고 나서야 생각나는 좋은 안건들 그리고 더 빨리 의회를 알지 못했던 아쉬움과 더 많이 활동하지 못했다는 아쉬움이 남았다. 그만큼 이 활동이 나에겐 큰 의미였고, 인생에 도움이 되는 중요한 경험이었다.

이 활동은 고등학교 생활을 넘어 나의 진로에까지 영향을 주고 있고 앞으로 나의 미래에도 영향을 줄 것 같다. 이 활동을 통해 고등학교 시절 단지 꿈이 선생님이었던 나는 선생님이 된 뒤 교육학자가 되겠다고 다짐하게 되었고 이렇게 꿈이 확장되었기 때문이다. 그리고 의회 활동 이후로 계속 교육에 힘쓰겠다는 생각도 들었고, 교육학과에 가겠다고 다짐하고 계속 한길만 달려온 결과 현재 꿈을 이루었기 때문이다.

마지막으로 학생들에게 이러한 활동을 추천하고 싶다. 청소년정책에 관심이 있고, 교육에 관심이 있고, 아동의 복지에 관심이 있다면, 더 나은 학교생활과 청소년 시기를 보내고 싶다면 도움을 주고 지원을 해 주는 많은 분들과 함께 자유롭게 자신의 목소리를 낼 수 있기 때문이다. 또한 리더십을 키울 수 있고, 더욱 많은 생각도 가질 수 있고 많은 경험을 할 수 있기 때문에 적극 추천하고 싶다.

_임호세아

사례 4: 전라북도 군산시 어린이·청소년의회

「군산시 어린이·청소년의회 구성 및 운영에 관한 조례」를 법적 근거로 삼고 있으며, 어린이와 청소년과 관련된 정책에 직접 참여함으로써 참여권을 보장하고 있다. 건전한 토론문화, 민주적 의사결정 체험을 통해 민주시민으로 성장할 수 있는 기반을 마련하는 데 목적을 두고 있다. 군산시 어린이·청소년의회 기능은 주로 어린이·청소년 정책과 예산에 대한 의견 수렴, 토론 등 참여활동, 수렴된 의견을 반영한 어린이·청소년정책과 예산편성 의견을 제출하는 것으로서 다른 지역에 비해 적극적인 의회 활동을 진행하고 있다. 그 밖에 어린이·청소년의회의 목적 달성에 필요한 사항을 토대로 운영한다.

청소년의회 의원은 관내에 거주하고 「청소년보호법」에 따라 만 19세 미만 청소년으로 구성하되 공개 모집을 통하여 신청한 청소년 중 거주지 및 성별 등을 고려하여 심사 선정하고 있다. 타 지역과의 차이는 선착순 공개모집을 통해 선발하는 것이다. 어린이(초등학교 5~6학년, 30명), 청소년(만 19세 미만 청소년, 30명) 총 60명이 참여하고 있다. 의원의 임기는 1년으로 하되 의원증을 받음과 동시에 시작하고 차기 의원들이 의원증을 받음과 동시에 만료되는 것으로 원칙을 삼고 있다. 또한 의원은 주민등록 이전이나 전학 혹은 학업, 건강 등 개인 사정으로 의원의 직무를 수행할 수 없는 경우에 사퇴할 수 있다. 임기 중 3분의 1 이상이 결원 시 제5조에 의거 공개모집을 통해 결원을 충원한다. 다만, 사퇴 등으로 인하여 새로 선정된 의원의 임기는 전임의원 임기의 남은 기간으로 한다.

회의 운영 방식에서는 의회의 정기회의는 하계·동계 방학 기간 동안 연 2회 개최하고, 연간 회의 일수는 정기회의와 임시회의를 합하여 10일 이상 20일 이내로 한다. 임시회의는 의장이 소집하거나 의원 3분의 1 이상의 요구가 있을 때 소집할 수 있으며, 시장이 필요하다고 인정하는 경우에도 소집할 수 있다. 또한 재적의원 과반수 출석으로 개의하고, 출석의원 과반수의 찬성으로 의결한다. 군산시 어린이·청소년의회 조직은 다음과 같다.

- 의장단은 의장 1인, 부의장 1인, 간사 1인으로 구성됨.
- 어린이의회와 청소년의회는 각각 교육위원회, 복지위원회, 안전위원회 등의 상임위원회를 둘 수 있음.
- 상임위원회 위원 배정은 10인 이내로 의원의 희망에 따르되, 의원은 1개 상임위원회의 위원이 됨.
- 상임위원회에 위원장 1명과 서기 1명을 두되 상임위원장은 상

임위원회에서 무기명 투표로 선출하고, 재적위원 과반수 출석과 출석위원 과반수의 찬성으로 의결함.

[표 5-5] 군산시 어린이·청소년의회 주요 추진 사항 예시

구분	추진 내용
어린이·청소년 의원 공개모집 및 구성	• 일시: 3월 • 접수 인원: 79명(어린이 41, 청소년 38) • 선발 인원: 60명(어린이 30, 청소년 30)
제1회 어린이·청소년 임시회 개최	• 일시: 4월~5월 • 내용: 어린이·청소년의회 아카데미 운영
제2회 어린이·청소년 임시회 개최	• 일시: 5월 27일 • 내용: 발대식 개최(임명장 수여, 멘토 위촉, 특강, 기념촬영 등)
제3회 어린이·청소년 임시회 개최	• 일시: 6월 24일 • 내용: 의장 및 부의장 선출, 상임위원회 구성 등
제4회 어린이·청소년 임시회 개최	• 일시: 6월 15일 • 내용: 참여예산학교 운영
제1회 어린이·청소년 의회 정기회 개최	• 일시: 8월 19일 • 내용: 어린이·청소년 참여예산 안건 제안 및 자유토론 등
제5회 어린이·청소년 의회 임시회 개최	• 일시: 9월 23일 • 내용: 제1회 정기회 안건 부서별 검토 결과 안내 및 의견 교환 등
제6회 어린이·청소년 의회 임시회 개최	• 일시: 10월 21일 • 내용: 「어린이·청소년 정책제안 대회」 관련 안건 토론 등
제7회 어린이·청소년 의회 임시회 개최	• 일시: 11월 9일 • 내용: 국회 방문(본회의 참관, 지역 국회의원 만남 등)
제8회 어린이·청소년 의회 임시회 개최	• 일시: 12월 16일 • 내용: 「어린이·청소년 정책제안 대회」 관련 스피치 발표 안건 청취 등
제2회 어린이·청소년 의회 정기회 개최	• 일시: 익년 1월 19일 • 내용: 의회발전 유공자 표창, 의원대표 소감 발표, 자유토론 등

출처: 군산시 어린이·청소년의회 운영사항 표로 재구성.
군산시청 웹사이트 http://www.gunsan.go.kr에서 인출.

사례 5: 전북 완주군 어린이·청소년 의회

전북 완주군 어린이·청소년의회는 「완주군 어린이·청소년의회 구성 및 운영에 관한 조례」를 법적 근거로 삼고 있다. 어린이와 청소년의 의회 체험을 통해 의회정치에 대한 올바른 이해를 도모하고, 건전한 토론 문화를 통해 견제와 균형을 이끌어 갈 수 있는 민주 사회 시민으로서의 역량을 키우는 것을 운영 목적으로 삼는다.

완주군 어린이·청소년의회는 어린이의회와 청소년의회의 의원 수를 각각 30명 이내로 함으로써 분리하여 운영하고 있다. 선출 방법은 어린이의회 의원은 군 관내 초등학교 5~6학년에 재학 중인 학생들로 구성하되 초등학교별로 전체 학생들 중 보통·평등·직접·비밀 선거에 따라 1명씩 선출하고 있다. 한편, 청소년의회 의원은 군 관내 중학교와 고등학교에 재학 중인 학생들로 구성하되 각급 학교별로 전체 학생들 중 보통·평등·직접·비밀 선거에 따라 1명씩 선출한다. 공개모집 및 학교장 추천의 절차를 통해 50여 명의 청소년이 참여하고 있다.국가정보기간뉴스-뉴스로, 2018. 4. 30.

의원의 임기는 1년으로 하되 신분증을 받음과 동시에 시작하고, 차기 의원이 신분증을 받음과 동시에 만료되는 것으로 한다. 또한 의원이 임기 중 사직하고자 할 경우에는 사직서를 의장단에게 제출해야 한다.

회의 운영 방식에 있어 의회의 정기회의는 하계·동계 방학 기간 동안 연 2회 개최하고, 임시회의는 의장이 필요하다고 인정할 때 소집할 수 있다. 이때 재적의원 과반수 출석으로 개의하고, 출석의원 과반수의 찬성으로 의결한다. 완주군 어린이·청소년의회 조직은 다음과 같이 구성되어 있다.

- 의장단은 의장 1인과 부의장 2인으로 구성되며, 재적의원 과반수가 출석한 본회의에서 무기명 투표로 선출됨.
- 의회는 운영위원회, 문화위원회, 교육위원회 등의 상임위원회를 둘 수 있으며, 각 상임위원회에는 위원장 1명을 둠.
- 상임위원장은 상임위원회에서 선출하며, 이 경우 소속 상임위원 재적의원 과반수의 출석과 출석의원 과반수의 찬성으로 의결함.

완주군의 경우, 아동과 청소년의회가 분리되어 운영되고 있지만 운영 성과 측면에서는 두 의회에서 유기적으로 연계하여 정책으로 실현된 경우가 많다. 그 결과, 아동·청소년 참여예산제에 예산(2억원)을 배정하여, 버스정류장 개선 사업 등 아동들이 요청한 7개 사업을 추진하였다. 한편 완주군에서 아동 참여 정책을 통해 아동 및 청소년의 의견을 정식으로 수렴하고 실현되는 절차가 이루어지자 아동과 청소년들이 적극적으로 의견을 개진할 수 있는 기회가 마련되었다. 이와 같은 행정 혁신과 더불어 지속적인 아동 권리 교육을 시행하자 지역 주민들의 인식도 변화하였다. 이를 통해 시민을 대상으로 아동에게 영향을 미치는 문제를 다룰 때 아동이 반드시 참여해야 한다는 사실에 대한 이해와 실천의식이 점차 확산되었다.유니세프한국위원회, 2018. 10. 5.

지역사회 중심의 청소년 참여 기회 확산을 기대하며

대의민주주의의 대안으로서 실질적이고 실천적인 측면에서 시민 자치의 의사결정에 대한 요구가 커지고 있다. 이는 시민 사회의 확장을 통한 참여의 확대로 연결되면서 중앙 및 지역 단위의 정치참여 프로그램 확산을 통해 현실화되고 있다. 지역사회 단위의 청소년 정치참여를 강조하는 이유 중에는 민주적인 정책 결정 과정에서 정책 대상자인 지역사회 주체들의 목소리를 반영하고, 합의를 통한 의사 결정을 위한 목적이 있다. 지역사회 시민 단위의 자치 움직임은 국민의 통치를 바탕으로 하는 강한 민주주의를 지지해 준다. 이는 시민의 일환인 청소년에게도 해당되며 자신들의 의사를 표출하고 합의해 가는 과정을 통해 결정하는 일련의 과정을 통해 자연스럽게 정치사회화 경험을 갖게 된다.[이윤주, 2018] 따라서 지역사회 중심의 청소년 참여의 기회는 확산되고 있으며, 이를 위한 제도적 개선과 실천적 움직임을 통한 변화는 진행 중이다.

6장
청소년참여위원회, 진화를 위한 발걸음[9]

이윤주

들어가며

"청소년들은 자신의 배움에서 목소리를 부여받고, 사회적·인격적·지적 성장을 포함하는 광범위한 발달에 지지를 받아야 한다. 그리고 지역사회와 주변 환경에 자신을 연결할 수 있어야 한다. 그것을 도모하기 위해서는 교실을 넘어선 차원에서 새로운 실행 방법이 필요하다. 이와 같은 협치를 통한 공유된 거버넌스의 실행은 청소년들의 소속감, 자율성, 그리고 문제 설정 능력 등에 눈에 띄는 변화를 가져다줄 것이다."

_파커 J. 파머(2018), 『비통한 자들을 위한 정치학』, 212쪽

9. 이 글의 내용은 "이윤주(2015a), 「의사소통 연결망이 청소년 정치참여에 미치는 효과-서울시 어린이청소년참여위원회의 집합적 의사결정을 중심으로」(서울대학교 박사학위 논문)"의 내용에 기반을 두고 있음.

지역사회에서 청소년들이 자신의 의견을 제시하고 협의할 기회가 점차 늘어나고 있다. 지역사회 단위의 청소년 참여는 중앙 부처 및 지자체를 토대로 다양한 형태의 참여기구 등을 통해 확장되어 왔다. 이와 같은 변화는 과거에 비해 더 많은 청소년 주도의 능동적 정치 참여를 실천할 수 있는 계기가 되었다.

이는 교육적인 측면에서도 청소년들에게 올바른 실천적 참여 방식을 전하기 위해 필요할 뿐 아니라 더 나아가 민주주의의 가치를 올바르게 실현할 수 있는 시민으로서의 잠재력을 이끌어 내는 역할을 한다.[10] 즉, 과거의 청소년을 대상으로 한 정치사회화가 체제와 질서에 대한 순응과 적응을 확보하기 위한 수단으로 사용되었다면, 점차 실제적이고 실천적인 참여에 기초한 성격이 강조되고 있다.[이승종, 2007]

청소년 참여 방식의 다원화

청소년은 장차 미래 시민으로 성장할 주체인 동시에 현재를 살아가는 시민이다. 청소년의 선거권 연령이 만 18세로 하향되었지만, 다수의 청소년은 법적으로 미성년자이기 때문에 선거와 같이 공적 차원에서 수행할 수 있는 정치참여 기회가 많지 않다. 이러한 까닭에

---

10. CIRCLE(The Center for Information and Research on Civic Learning and Engagement)의 연구에서 청소년 대상의 모의선거, 전자의회 활동 등에 참여한 경험이 있는 청소년이 학교에서 정치교과 수업을 받은 청소년들에 비해 정치효능감, 정치신뢰도, 정치 지식 및 관심, 참여 성향이 더 높은 것으로 나타났다 (Stroupe, Sabato, 2004: 4-6).

청소년들은 주로 학교나 지역사회 청소년 기관 및 시설을 통해 공공 정책과 관련하여 의견을 제시하거나 캠페인 형태로 정치참여를 하는 경향이 높다. 이를 위해 중앙 정부 및 지자체에서도 청소년의 정치참여 실천 방안으로 지역사회를 기반으로 하는 정책 모니터링, 정책 제안이 실현되고 있다.

그렇다면 청소년 정치참여는 주로 어떠한 형태로 진행되고 있을까? 기존에는 정치참여라고 하면 주로 선거, 시위 혹은 공청회 참석 등을 사례로 제시하는 경우가 많았다. 이는 대부분 청소년이 쉽게 접하기 어려운 형식들이다. 물론 청소년의 투표권 연령 하향에 따라 만 18세 청소년은 선거가 가능해졌지만 다수의 청소년이 정치적 이슈에 관심을 가지고 참여하기에는 아직도 장벽이 높다.

민주주의 사회에서 시민 권리의 행사 방안으로 시민들의 능동적인 참여 방안은 점차 확대되고 있다. 이와 같은 변화에 따라 시민 스스로가 의견을 표현하고 권리를 행사하는 활동들이 포함되면서 정치참여 영역이 확장되고 있다.[Putnam, 1995: 31-33] 선거와 집회 및 시위 참여와 같은 기존의 정치참여 영역에서 더 나아가 정치 이슈에 대한 토의·토론, 지역사회 정책 의사결정 참여, 정책 참여 및 캠페인 활동, 미디어를 활용한 정치적 의견 제시, 청원서 작성, 정당 등 정치 단체 활동 등이 지역사회를 중심으로 시행되고 있다.[이윤주, 2015b] 여기에는 성인뿐 아니라 정책 당사자인 청소년 또한 충분히 참여할 수 있기에 교육 차원에서도 다양한 방식으로 활용되고 있다.

청소년 참여, 그 지평을 넓혀 가다

청소년 정치참여는 사회화 과정에서도 중요한 역할을 한다. 아동·청소년이 학교나 가정과 같은 일상에서 정치 이슈에 대한 대화를 하더라도 교사나 부모와 함께할 경우에는 청소년 개인의 의견을 드러낼 기회가 좀처럼 주어지기 힘들다. 민주주의를 국민에 의한 정치로 치환한다면 정치적 결정에 누가 참여하는가는 민주주의의 본질적인 문제이다.[Verba & Nie, 1972] 따라서 민주주의 제도하에서 청소년의 정치참여는 능동적인 시민의 역할을 확장시킬 수 있는 중요한 요인이 된다.

청소년 대상 정치참여활동의 범주도 점차 확장되고 있다. 이는 주로 지역사회에서 참여하는 활동들로 대표될 수 있다. 한 예로, 지역사회단체의 자치 위원으로 활동하거나 본인이 속한 학교 위원회에 적극적으로 참여함으로써 청소년 자신의 권익 보장을 위해 노력하는 것은 광의적 차원의 정치참여에 포함된다. 이와 같은 활동은 우리나라에서 중앙 및 지자체 단위로 존재하는 청소년참여기구에서 다양하게 운영되고 있다. 청소년참여기구를 통해 구현되는 청소년 정치참여는 점차 그 지평을 넓혀 가고 있다. 우리 사회 청소년들은 다양한 정치, 사회적 현안 이슈에 주목하고 자신이 관심 있는 활동에 적극적으로 참여하고 있다.

지역사회 청소년정책 싱크탱크-청소년참여위원회를 알아보다

우리 사회는 과거의 소수 엘리트 중심의 의사결정 시스템에서 다수의 시민이 정책 참여자가 되는 시민자치 사회로 변화하고 있다. 이러한 변화는 현재의 시민인 청소년에게도 해당한다. 청소년 정치참여도 법·제도적 차원에서 더 나아가 실제로 정치적 공간인 지자체 및 중앙 정부를 토대로 자신들의 의견을 표현할 수 있는 정치참여 방안이 늘어나고 있다. 또한 더 많은 청소년이 참여할 수 있는 방안들이 제시되고 있다.

기존에는 학교를 중심으로 지식 위주 정치교육을 했으나 점차 실천 학습에 무게를 두는 지역사회 참여가 강조되기 시작하였고, 더불어 학교 밖 교육기관에서도 청소년 대상의 사회 및 정치 영역의 참여 프로그램들이 매우 크게 증가하고 있다.[이윤주, 2015a] 이러한 변화는 더욱 실천적인 정치참여를 가능하게 만든 기회임과 동시에 청소년이 정치참여를 할 수 있는 문턱을 낮춰 주는 긍정적인 기폭제가 되었다.

중앙 부처와 지역사회 단위로 학교 이외의 터전에서 청소년이 정치참여를 실현할 수 있는 다양한 형태의 청소년참여기구가 존재한다. 청소년참여기구는 1998년에 시행된 「제2차 청소년육성5개년계획」과 이 시기에 개정된 「청소년 헌장」을 토대로 시작되었다. 이는 청소년 참여권 보장을 통해 청소년이 직접 정책 당사자로서 청소년정책에 주체적으로 의견을 제시할 수 있는 기회를 마련해 주었다.[이윤주, 2015a] 청소년참여기구는 참여 범위에 따라 청소년특별회의, 청소년참여위원회, 청소년운영위원회로 구분된다.

청소년참여기구 가운데 특히 청소년참여위원회는 지역사회 단위로 청소년들이 직접적으로 정책 과정에 참여할 수 있는 플랫폼 형태로 구성되었다. 청소년참여위원회는 2009년부터 전국 시·도 단위로 설립되어 운영되고 있으며, 현재는 지역 정책 참여 대표 모델로 자리 잡았다. 2020년에는 지역 청소년 참여 활성화를 위하여 청소년참여위원회에 대한 예산 지원으로 233개 위원회로 확대하였다.[여성가족부, 2020]

청소년참여위원회의 역사를 짧게 살펴보면, 1998년 11월 문화관광부에 청소년위원회가 설치된 것을 시작으로 1999년 4월 제주시, 2000년 6월 경기도 등으로 퍼져 전국 단위로 청소년참여위원회가 설치·확대되었다. 주로 중앙 부처 및 지자체를 중심으로 청소년정책 및 사업을 제안하거나 의견을 제시하는 것을 중심으로 정책 모니터링과 청소년 대상 캠페인을 운영하는 등 다양한 활동을 활발하게 진행하고 있다. 또한 타 지역 청소년참여기구와의 교류 활동을 통해 전국 단위로 청소년 참여 네트워크를 형성하기도 한다. 이를 통해 청소년은 중앙 및 지자체에서 시행 중인 청소년정책에 대한 설계자이자 자문가로서의 역할을 수행하면서 청소년의 시각에서 실질적인 정책 수행이 이뤄질 수 있도록 주도적인 활동을 한다.[이윤주, 2015a]

이는 학교교육에서 행해지기 어려운 측면들을 보완하는 역할을 한다. 또한 구성원들의 적극적인 참여를 토대로 상호 간의 의사소통을 통해 자신들의 입장이나 의견을 제시하고 의제 사항에 있어 민주적인 방식으로 집합적 의사결정을 통해 시민성 함양을 실현하고 있다.[최창욱·김승경, 2010]

세종시 청소년참여위원회 운영 사례

전국에는 2020년 기준 총 239개 청소년 참여운영위원회가 운영되고 있다. 또한 전국 단위로 살펴보면 다음과 같이 지역별로 분포된 것을 알 수 있다.

[표 6-1] 2020년 지역 청소년참여위원회 운영 지원 현황

서울	부산	대구	인천	광주	대전	울산	세종	경기	강원	충북	충남	전북	전남	경북	경남	제주
24	17	9	10	6	6	6	1	32	19	9	16	15	23	24	20	1

출처: 여성가족부(2020).

그중에서 2019년 최우수 청소년참여위원회로 선정된 세종특별자치시 청소년참여위원회의 운영 사례를 살펴보겠다. 2013년에 처음 설립된 세종시 청소년참여위원회는 총 20명의 위원으로 구성되어 있으며, 1년 단위로 활동을 한다. 가장 대표적으로 청소년이 참여한 정책 사례로는 청소년 참여예산제 시범사업으로 예산을 심의하고 세종시 청소년정책 중장기 발전 계획 연구 과정에 청소년들이 직접 참여하면서 제안한 것을 들 수 있다. 청소년참여위원회는 참여예산 준비 워크숍을 거치고 공모 접수된 14개 정책 과제를 중심으로 세종시청 내 각 부서별 담당자들과 타당성 검토를 하고 예산 심의를 통해 최종 3개 정책 과제를 선정하였다. 그 결과, '청소년축제 개최' 정책 안건이 통과되어 부서 검토를 거쳐 3,400만 원의 예산을 확보하여 2020년에 추진하였다.

더 나아가 청소년 참여예산제 관련 조례 신설에 대한 정책 제안을

[그림 6-1] 세종특별자치시 청소년참여위원회 청소년 참여예산제 공모를 위한 정책 분류 체계

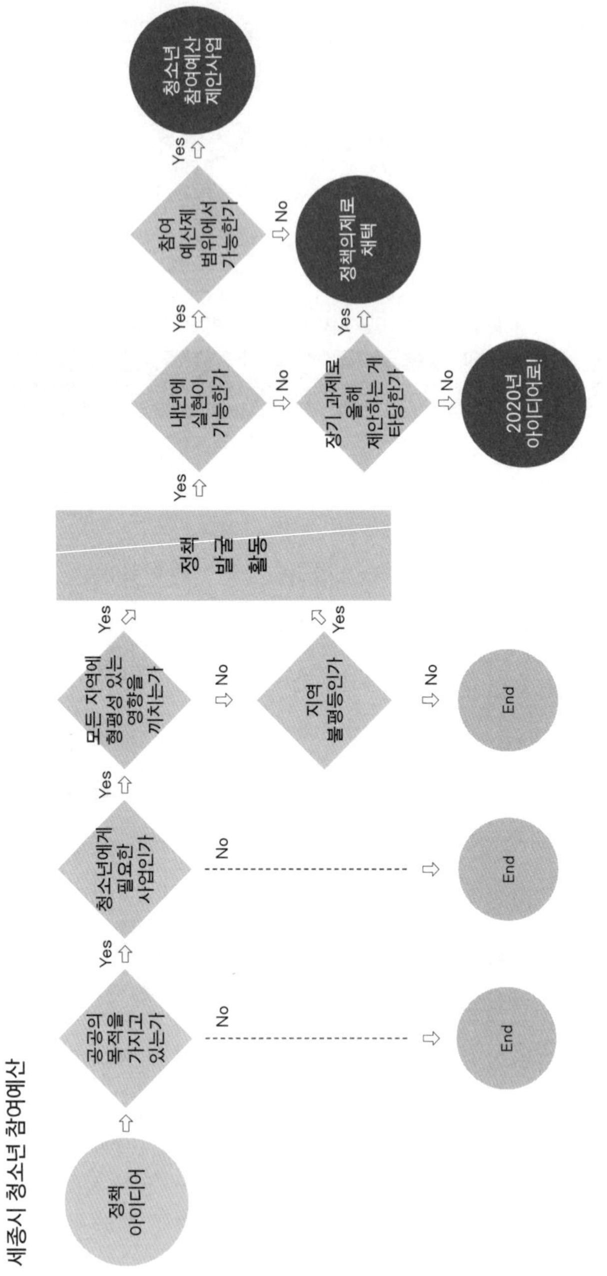

출처: 2019년 청소년참여위원회 우수사례집, 10쪽.

통해 정책을 제도화하기 위한 노력도 진행하였다. [그림 6-1]은 세종시 청소년참여위원회에서 청소년 참여예산제 공모를 위해 정책 분류 체계를 구축한 사례이다.

그 밖에도 청소년참여위원회 활동을 진행하는 과정에서 저연령 학생들이 정책 제안을 하는 데 어려움을 겪는 것을 감안해 중학교 1학년 참여위원 대상으로는 세종시 자유학년제 정책인 '진로체험카드' 정책 모니터링을 제안하는 등 다수의 청소년이 지역사회 내 청소년정책에 참여할 기회를 확장하는 데 큰 원동력이 되었다.

2019년도 세종시 청소년참여위원회 8대 정책 제안 과제로는 "① 교통약자인 청소년의 교통 현실 개선, ② 급식요일제를 통한 급식제도 개선, ③ 학교 내 특별반 폐지를 통해 평등할 권리 보장, ④ 청소년증 교육 강화를 통한 보급 확대, ⑤ 청소년 참여예산 조례 제정을 통한 예산 참여 확대, ⑥ 세종시 진로체험카드 개편, ⑦ 후기 청소년문화카드 제도 신설, ⑧ 학교 밖 청소년 교육 확대 및 복지, 지원 강화" 등 실질적으로 지역사회 청소년이 체감할 수 있는 정책을 제안함에 따라 효과성도 높았다.

특히 청소년참여위원회가 주축이 되어 청소년들이 성인들과 함께 토론회 등을 개최하면서 청소년의 시각에서 문제를 바라보고 이에 대한 개선 방안을 모색하는 점은 타 시도와 비교했을 때 청소년참여위원회에서 제안한 정책 실현율이 높은 이유 중 하나로 볼 수 있다.

● 청소년참여위원회로 시작된 청소년지도사의 꿈

마주한 벽, 그리고 넘어서기

처음 청소년참여위원회를 알고 지원하게 된 동기는 친구의 추천이었습니다. 사실 처음에는 아무것도 모른 채, 지원했다고 보아도 무방할 정도였습니다.

2015년 처음 청소년참여위원회의 위원이 되어 활동에 참여했을 때, 정책에 대해 이야기하라고 하니 어렵게만 느껴지고 회의만 하는 것이 지루하게 느껴지기도 했습니다. 특히 정책에 대한 이해가 부족했고 그래서 정책제안서는 어떤 주제를 가지고 해야 하는지 몰랐던 것이 가장 큰 문제였다고 생각합니다. 지금 청소년참여위원회의 위원이 처음인 청소년들은 이러한 고민을 많이 하지 않을까 하는 생각이 듭니다. 또한 내향적이었기 때문에 생각을 정리해서 설득력 있게 말하는 과정이 쉽지만은 않았습니다. 그러나 여러 해에 걸쳐 지속적인 청소년참여위원회 활동을 통한 사회 변화를 이루어 내며, 하고자 하는 바에 대해 명확히 이야기할 수 있게 되었습니다.

이 외에도, 청소년참여위원회의 주요 활동인 정책 제안을 하는 과정에서 다양한 어려움이 있었습니다. 처음에는 발의한 정책이 반영되지 않는 것처럼 보였고 우리의 의견을 수용하지 않는 것 같았습니다. 현실에서 정책이 반영되고 실행되는 과정과 기간을 놓치고 있었기에 언제나 활동에는 아쉬움만 남았습니다. 그러나 제가 놓친 부분이 있다는 것을 깨달은 순간, 이와 같은 생각에 변화를 가져올 수 있었습니다. 제안한 내용이 모두 반영되는 것이 아닌 현실 가능한 부분만 반영되며, 우리에게 실질적인 변화가 찾아오기까지 오랜 시간이 걸립니다. 따라서 당장 반영이 되지 않았다고 하여 너무 아쉬워하지 마시고 지속적인 의견 제시와 함께 추후에 어떻게 변화하는지 지켜보시기 바랍니다. 몇 년 후 발의한 정책이 반영되어 현실에서 마주하는 날이 꼭 올 것입니다. 이 과정을 통해 저는 말로 다 표현할 수 없을 만큼 뿌듯함과 나도 사회에 기여할 수 있는 사람임을 깨달았습니다. 많은 사람이 동일한 문제를 인식했고 그에 대해 개선의 필요성을 느꼈기에 발의한 정책이 반영될 수 있었을 것이라는 생각이 들었습니다.

청소년참여위원회 활동을 통해

모든 정책이 그러하듯, 청소년참여위원회에서 발의하는 정책제안서가 사회에 100% 반영되었으나 실제로 와닿지 않는 경우가 많을 수 있습니다. 그러나 현재 청소년들이 사회를 어떻게 바라보는지에 대해 모두에게 알릴 수 있는 기회이며 이를 적극적으로 활용해야 한다는 생각이 들었습니다.

청소년참여위원회 위원분들! 청소년참여위원회란 정부 및 지방자치단체의 청소년정책을 만들고 추진해 가는 과정에 주체적으로 참여할 수 있도록 마련된 제도적 기구로 청소년기본법에 근거하여 운영되는 청소년참여기구입니다. 법에 근거하여 운영되는 만큼 사명감을 갖고 임하시길 바랍니다.

청소년지도사의 길로
가장 처음에 말했던 것처럼 저는 현재 청소년학을 전공으로 하여 청소년지도사가 되는 것이 하나의 목표입니다. 이렇게 청소년기를 청소년센터에서 청소년으로서 목소리를 내며 성장할 수 있던 것에는 '청소년지도사'가 필수적으로 있어야 한다는 것을 깨달았습니다. 즉, 청소년이 충분한 이야기를 할 수 있도록 이끌어 주는 것이 중요하다는 것을 알아 갈 수 있었고 그러한 사람이 되고자 이 길을 걷고 있으며 현재는 청소년 참여활동 조력자로서 어린이·청소년참여위원회와 함께하고 있습니다. 이러한 과정을 통해 청소년이 목소리를 낼수록 많은 변화를 가져올 수 있다는 것을 믿고 언제나 열정적으로 활동할 것이라 기대합니다!

_황한슬, 백석대학교

청소년 참여 생태계도 기존의 프레임에서 벗어나야

과거와 비교했을 때 청소년이 정치에 참여할 수 있는 기회가 양적인 차원에서 증가하였다. 물론 청소년이 정치참여를 할 수 있는 활동 생태계가 갖춰진다는 측면에서 이러한 부분도 매우 중요하지만 생태계가 잘 운영되려면 한 단계 더 나아갈 수 있는 동력이 요구된다. 즉, 제도적 차원의 확장에 그치는 것이 아니라 질적으로도 높은 수준의 시민 참여를 위한 노력이 동시에 요구된다. 따라서 실제 참여활동 과정에 대한 지속적인 관심이 필요하다. 이를 위해서는 다음과 같은 방안을 제안하고자 한다.

첫째, 기존의 청소년 정치참여에 대한 인식 개선과 실제적인 정책 효과를 실현하기 위한 제도적 뒷받침이 필요하다. 우리 사회에서는 민주시민교육에 대한 강조와 더불어 청소년의 참여에 대해서는 긍정적인 시각으로 활성화 방안을 논의하면서도 청소년을 대상으로 한 "정치"참여라는 용어로 전환되면 정치 선동이라는 프레임에 갇혀 청소년의 참여 자체를 부정적으로 보는 경우가 종종 발생한다. 이러한 관점으로 인하여 청소년의 직접적인 정치참여에 논쟁적인 사안이 존재하다 보니 청소년이 할 수 있는 참여활동은 주로 지역사회 기반으로 실행되는 간접적인 차원에서의 모니터링, 캠페인 참여 등으로 이뤄졌다.[Junn, 1999; Long, 2002; Sanchez-Jankowski, 2002]

하지만 시대가 변화함에 따라 청소년들은 자신들의 문제를 사회적인 차원에서 해결할 수 있는 역량을 키우면서 성장하고 있다. 정책 수혜자가 아닌 정책 당사자로서 자신들의 문제를 치열하게 고민하고 해결하기 위해 성인들과 협력할 수 있는 능력을 갖춰 가고 있다. 이러한 능력은 사회에서 청소년에게 기회를 주고 이들이 넓은 공간에서 성장할 수 있도록 지원해 주었을 때 길러진다.

따라서 더욱 능동적인 정치참여활동을 활성화하려면 청소년이 자신의 시각에서 정책을 제안하고 이를 실현하기 위한 적극적인 행동이 뒷받침될 수 있도록 청소년 스스로도 시민의 권리 보장을 위한 인식 전환을 하고, 이와 더불어 제도적 보완이 필요하다.

지역사회 참여를 시작으로 지역 단위의 청소년정책 제안이나 청소년 자치활동의 범위가 확장되고 있다. 양적으로 다양한 정책 참여 프로그램이 증가하는 것에 발맞춰 청소년들이 제안한 정책이 구체화되고 실현될 수 있도록 지원함으로써 이를 통해 청소년의 정치적 효능감을 향상시킬 수 있는 기회 또한 증대되어야 한다.

둘째, 학교교육과 연계하여 정치교육과 시민교육 차원에서 청소년 정치참여에 대한 논의를 강화해야 한다. 청소년기는 성인기로 들어서기 위한 준비 시기로서 정치참여에 대한 학습적인 준비가 요구된다. 최근 정치참여의 범위가 점차 확장되고 정치참여 주체 연령이 점차 낮아지고 있다는 점을 고려할 때, 현 교육과정에서 제시하고 있는 성인 중심의 정치참여 방식에 대한 소개에 그치거나 당위적 차원에서 참여를 인지적으로 접근하는 방식에서 벗어나야 할 것이다. 실천적으로 청소년이 참여할 수 있는 정치참여에 대한 관점의 확장이 필요하다. 이에 청소년이라는 특성을 고려하여 민주시민교육의 일환으로서 정치참여에 대한 숙의적 차원의 개념 정의와 더불어 청소년의 능동적 참여라는 변화 움직임을 꾀할 수 있는 구체적인 운동이 필요하다. 이는 기존의 중앙 부처 및 지자체 중심의 프로그램화된 청소년 참여와는 분명히 구분되어 다뤄져야 할 것이다.

셋째, 청소년의 정책 제안 등을 통한 정치참여 콘텐츠 및 네트워크 공간 범위를 확장해서 다루어야 한다. 최근에는 기후환경 운동이나 노동인권 등 청소년들의 사회·정치적 관심 분야가 확장되고 있다. 즉, 우리 지역사회 차원에서 좋은 마을 만들기 단위의 정책 제안에서 더 나아가 국내외 청소년과 연대하고 협력하면서 전 지구적 문제 해결을 위한 실천적 움직임도 가능해질 수 있도록 지원이 요구된다.

청소년은 끊임없이 진화하고 있다. 이러한 환경적 변화에 발맞춰 청소년 참여 생태계 또한 기존의 프레임에서 벗어나야 할 때이다. 빠르게 변화하는 세상의 흐름에서 청소년도 시민의 한 주체로서 자신들의 목소리를 더 많이 표출할 기회가 늘어나야 한다. 이들의 목소리가 모여서 사회적 합의를 이끌어 내어 실제 우리 사회의 변화로 현실화될 수 있도록 더 많은 노력이 이뤄져야 할 것이다.

3부

청소년 참여에 색을 입히다

7장 청소년, 지역사회 문제 해결에 앞장서다 _황여정

8장 청소년, 자신의 문제에 대한 답을 찾다 _모상현

9장 청소년, 기후위기 해결의 주체가 되다
_황세영·최정원·이윤주

7장
청소년, 지역사회 문제 해결에 앞장서다[11]

황여정

왜 '지역사회' 참여인가

청소년 참여의 새로운 패러다임으로 '지역사회 참여'에 주목할 필요가 있다. 과거 청소년 참여는 청소년운영위원회, 청소년참여위원회, 청소년특별회의 등 참여기구 중심으로 이루어졌다. 여기에 청소년의 상당수가 초·중·고등학교에 재학 중인 학생이라는 점을 고려하면, 학교에서 이루어지는 학급회의나 학생회와 같은 학생자치 활동도 넓은 범위에서는 청소년들이 경험하는 참여의 일환으로 볼 수 있다.

기존의 청소년참여기구와 학생회의 공통점은 원하는 청소년이 모두 참여할 수 있는 것이 아니라, 제한된 소수의 참가자에게만 참여 기회가 허락된다는 데 있다. 접근성의 측면에서 근본적인 한계가 있는 것이다. 그에 비해 학급회의는 학급 구성원들이 모두 참여한다는 점에서는 의미가 있다. 그러나 이 또한 구체적인 참여활동을 통해 적

11. 이 장의 내용은 한국청소년정책연구원이 2017년 발간한 보고서 「청소년 지역사회 참여 모형개발 연구」 내용에 기반을 두고 있다.

극적으로 문제를 해결하고 새로운 변화를 만들어 나간다기보다는 의사결정기구로서의 성격이 강하다는 점에서 한계가 있다. 또한 학교 밖 청소년에게 접근 기회가 주어지지 못한다는 사실도 제한점으로 작용한다.

지역사회 중심의 참여는 기존의 참여제도가 가진 이 같은 한계를 극복하고, 청소년 참여의 새로운 패러다임을 제시할 수 있다. 지역사회 참여는 청소년들이 자신이 속한 지역사회에 관심을 가지고, 지역사회 안에서 구체적인 영향력을 발휘하며 의사결정을 공유하는 활동을 일컫는다. 지역사회 중심의 참여는 참여가 특별한 곳에서 이루어지는 일회성 이벤트가 아니라, 청소년들의 일상적 삶에서 자연스럽게 이루어질 수 있는 환경을 제공한다는 점에서 의미가 있다. 또한 참여 공간이 청소년 주변의 생활공간으로 확대되는 만큼, 특별히 선정된 소수에게만 참여 기회가 부여되는 것이 아니라, 지역사회에 관심 있는 청소년은 누구든지 참여할 수 있다는 점에서 기존의 청소년 참여와는 완전히 다른 새로운 패러다임으로 볼 수 있다.

실제로 이러한 변화는 이미 곳곳에서 시작되고 있다. 이 글에서는 더 많은 청소년들이 일상적으로 참여 기회를 갖도록 돕는 다양한 지역사회 참여 사례들을 소개해 보고자 한다.

사례 1: 서울 노원구 청소년 사회참여활동 '시작된 변화'

'시작된 변화'는 노원구 공릉청소년문화정보센터에서 2011년 시작한 이래 10년 넘게 지속되고 있는 사업으로, 청소년이 스스로 마을의 문제를 찾고, 해결하기 위해 계획을 세워 실천하는 사회참여활동이다. 활동은 1년 단위로 이루어진다. 청소년들은 실천활동을 통해 마을의 문제 해결을 모색한다. 이 과정에서 청소년들은 세상을 바라보는 넓은 시야와 비판적 사고 능력, 기획력과 실행력을 기르고, 자신들의 꿈과 비전을 발견해 가는 경험을 한다.[이승훈, 2013] '시작된 변화'는 2011년 9개 팀의 참가로 시작된 이래, 1년 만에 2012년 16개로 참가 팀이 증가하였고, 2013년 21개 팀, 2015년 37개 팀, 2017년 41개 팀, 2019년 56개 팀이 참가하는 등 지속적으로 확대되었다.[노원구·서울특별시북부교육지원청, 2021] 특히 2020년에는 코로나19의 여파로 사업 추진에 어려움이 예상되었으나 지역에서 43개 팀, 학교에서 27개 팀 등 총 70개 팀이 참여하였다.[노원구·서울특별시북부교육지원청, 2021] '시작된 변화' 프로젝트는 2015년부터 노원혁신교육지구사업으로 추진되어, 현재는 공릉청소년문화정보센터뿐만 아니라 상계청소년문화의집, 노원청소년직업체험센터, 서울시립노원청소년센터 등 7개 기관을 중심으로 관내 중·고등학교 등 지역사회의 다양한 기관들이 협력하여 사업을 추진한다.[한국청소년정책연구원, 2017]

'시작된 변화'는 개인이 아니라 모둠을 단위로 한다. 따라서 참여를 희망하는 청소년들은 4명 이상으로 모둠을 구성해서 지원하면 된다. 활동은 크게 4단계를 거쳐 이루어지는데, 문제를 탐색하고, 문제 해결책을 모색한 다음, 청소년들이 실제로 이를 실천해 보고, 그 결과를 공유하는 일련의 과정을 따른다.

1단계인 '모여서 동네 돌아보기'에서는 모둠을 구성한 청소년들이 살고 있는 동네 주변을 탐색하면서 우리 마을의 문제점을 찾아보는 과정이다. 동네를 돌아보면서 문제점을 확인했다면, 2단계인 '변화 계획 세우기'에서는 문제점을 해결할 방법을 고민하게 된다. 여기에서는 동네를 돌아보며 나온 의견을 정리하고, 마을에서 발견된 문제점 중에서 청소년들의 참여로 변화를 기대할 수 있는 프로젝트에 대한 계획을 세운다. 3단계는 이전 단계에서 세운 계획을 실제 현실에 적용해서 실천해 보는 단계이다. 그리고 마지막으로 발표회를 통해 활동의 결과를 공유하게 된다.

[그림 7-1] **'시작된 변화' 활동의 4단계**

① 모여서 동네 돌아보기 시작된 변화의 첫 단계는 친구들과 모여 동네 이곳저곳을 걸어 보는 것입니다. 동네를 걷다 보면 우리 마을의 좋은 점, 고쳐야할 점도 보이고 활동할 수 있는 장소를 찾을 수 있어요. "네 명의 친한 청소년들이 모여 마을을 돌아다니다가 쓰레기 더미가 쌓여 있는 황폐한 땅을 발견했다."	② 변화 계획 세우기 동네를 돌아보다가 나온 의견을 정리해 볼까요? 그리고 마을 안에서 청소년들의 참여로 변화를 가져올 수 있는 우리만의 프로젝트를 세워 봐요. "마을의 쓰레기를 깨끗하게 치우고 꽃씨폭탄을 던져 우리 동네를 아름답게 꾸미는 게릴라 가드닝을 하기로 했다."
③ 실천하기 우리가 세운 프로젝트 계획을 친구들과 차근차근 실천으로 옮겨 봅니다. 작은 행동도 할 때 성장한다는 것을 알 수 있어요. "청소년들은 마을 사람들과 마을의 황폐한 곳곳마다 쓰레기를 치우고 꽃씨폭탄을 던지며 신나게 활동했다."	④ 성찰하고 퍼뜨리기 발표회를 통해 경험을 재구성하고 반성적으로 성찰해 보며 글로 정리합니다. 또 우리의 프로젝트 이야기를 많은 사람들과 공유합니다. "마을의 쓰레기를 깨끗하게 치우고 꽃씨폭탄을 던져 우리 동네를 아름답게 꾸미는 게릴라 가드닝을 하기로 했다."

출처: 노원구·서울특별시북부교육지원청(2021), 2020 시작된 변화 보고서, 164쪽.

'시작된 변화'는 프로젝트의 원활한 진행을 위해 워크숍을 활용한다. 프로젝트를 추진하는 과정에서 참여활동을 하는 청소년들과 담당 지도자 간의 주기적인 만남과 활동이 잘 이루어지도록 돕기 위해,

사전에 워크숍을 진행한다. 이 워크숍에서 청소년들은 더 좋은 지역사회를 만들기 위해 일하는 현장 활동가들을 만날 기회를 갖고, 세상을 보는 시각을 키운다. 워크숍을 통해 청소년들은 대안교육운동가, 주민조직가, 인권운동가, 마을활동가 등을 만나고, 직접 소셜활동가로서 무엇을 바꾸고 싶고, 바꿀 수 있는지를 상상하고 발표한다. 이 워크숍을 통해 청소년들은 청소년의 참여로 더 나은 세상을 만들 수 있다는 효능감과 자신감을 얻게 되는데, 실제로 일부 청소년들은 이를 계기로 지역사회를 바꾸는 구체적인 실천을 하게 된다.한국청소년정책연구원, 2017

'시작된 변화' 구체적 사례

그동안 '시작된 변화' 프로젝트를 통해 청소년들은 어떤 활동을 했고, 어떠한 변화를 가져왔을까? 2011년부터 10여 년간 많은 청소년이 지역사회 변화를 위해 다양한 활동을 진행했는데, 이 가운데 2020년에 이루어진 몇 가지 사례를 간단히 살펴보자.

먼저, 자전거 이용자와 보행자의 안전 지킴이 활동을 한 '자전거 안전 소년단'을 들 수 있다. '자전거 안전 소년단'은 지역사회에서 많은 사람이 이용하는 중랑천 자전거 도로에서 자전거 이용자와 보행자의 안전을 지키기 위해, 자전거 도로에서 일어날 수 있는 사고 상황을 청소년들이 직접 연출해서 영상을 만들었다. 이 영상은 실제로 노원구 소재 학교에서 안전교육을 할 때 활용될 예정이다. 청소년들이 직접 만든 영상으로 안전교육이 이루어지게 되는 것이다.

청소년 인권을 알리고자 구성된 '리시안셔스' 동아리도 있다. '리시

안셔스'는 고등학생 5명으로 구성된 팀인데, 청소년들이 직접 민주시민교육 프로그램 참여를 위해 인권을 공부하고, 카드뉴스를 만들어서 SNS를 통해 알리고 있다. '론도'는 7명의 학생이 2016년부터 여학생들의 월경에 대한 인식에 변화를 주기 위해 만든 동아리다. 월경, 생리라는 단어를 부끄러워하는 태도를 바꾸기 위해 청소년들이 중심이 되어 스스로 자료 수집과 설문조사를 실시해 아이들을 위한 동화책과 엽서를 만들었다. 2020년에는 한 걸음 더 나아가 홍보 책자를 만들기도 했다.노원구 보도자료, 2020. 12. 14.

'시작된 변화'의 성공 포인트

'시작된 변화' 프로젝트는 청소년 참여가 굳이 거창한 수준에서 이루어져야 하는 것이 아니라는 점을 알려 주었다는 데 큰 의미가 있다. 청소년 참여는 얼마든지 생활 주변에서 이루어질 수 있다. 여기에서 중요한 것은 참여활동의 중심에 청소년이 있고, 처음부터 끝까지 청소년이 주도하는 활동이 되어야 한다는 것이다. 그리고 개인이 아닌 모둠별 활동을 기본으로 한다는 점도 눈여겨볼 필요가 있다. 함께 하는 활동을 통해 청소년들은 협력과 협동, 갈등 관리와 조정의 경험을 쌓게 된다. 또 문제 해결을 위해 다른 사람과 상호작용을 하며 공동의 목표를 성취하기 위한 연습도 하게 된다.

지역의 적극적인 참여와 협력도 중요한 성공 요인이다. 청소년들이 제안한 내용이 실제로 구청에 받아들여지거나, 학교에서 실시하는 안전교육에 활용되는 등 지역사회 기관들의 적극적인 협력을 통해 실질적인 '변화'로 이어질 수 있었던 것도 중요한 성공 요인이다. 이러한 경험을 통해 청소년들은 단지 글자로 '참여가 변화를 일으킨다'고 배우는 것이 아니라, 자신들의 실제 경험을 통해 '참여를 통해 바뀔 수 있다'는 것을 몸소 깨우칠 수 있기 때문이다.

사례 2: 경기도교육청 몽실학교

'꿈을 실현하는 학교'라는 의미를 지닌 '몽실夢實학교'는 경기도 의정부 지역에서 시작해서 다른 지역으로 확산된 대표적인 청소년 참여 프로젝트다. 몽실학교는 지역사회가 협력하는 미래형 청소년 자치 배움터로, '우리가 하고 싶은 것으로 세상을 이롭게 하자'라는 슬로건 아래, 청소년 주도 프로젝트를 통해 청소년들이 스스로 주인이 되는 삶, 미래의 꿈을 이루어 가는 배움터를 지향하고 있다. 2021년 현재 몽실학교는 의정부, 김포, 고양, 성남 등 4개 지역에 자리 잡고 있다.경기교육모아 몽실학교 홈페이지, 2021. 5. 16. 인출

몽실학교의 활동은 크게 네 가지 축으로 이루어진다. 학생 주도 프로젝트, 학교 교육과정 연계 체험형 교육과정, 학교 밖 배움터 과정, 학생 주도 교육 확산을 위한 다양한 연수와 네트워크가 그것이다. 이 가운데 가장 핵심적인 활동은 학생 주도 프로젝트 과정이다. 여기에는 마을을 알고 바꾸자는 '마을 프로젝트', 창업과 연계한 '챌린지 프로젝트', 공학, 의학, 인문, 환경과학 등 대학 예비 전공 과정으로 운영하는 '더혜윰 프로젝트' 등이 있다.교육부 행복한 교육, 2018. 11.

[그림 7-2] 경기도교육청 몽실학교 홈페이지

출처: 경기도교육청 몽실학교 홈페이지 https://more.goe.go.kr/mongsil/index.do

몽실학교에서 이루어진 청소년 지역사회 참여활동

몽실학교의 프로그램들은 기본적으로 청소년이 주도한다는 점에서 청소년 참여의 성격을 지니고 있지만, 이 중에서도 '마을 프로젝트'가 청소년 지역사회 참여와 정확히 맥락을 같이한다. 마을 프로젝트는 청소년이 중심이 되어 '마을을 알고, 마을을 바꾸고, 마을을 만드는' 사업이다. 초등학교 5학년~고등학교 3학년 연령대 학생과 학교 밖 청소년들이 5~20명 정도의 팀을 구성해서 연간 60~80시간의 프로젝트를 수행한다. 여기에서 중요한 것은 프로젝트의 주제 제안은 철저히 청소년들이 주도한다는 것이다.

몽실학교에서 이루어지는 청소년 주도의 참여활동 중에서 '정책마켓'도 눈여겨볼 프로그램이다. 몽실학교에서는 청소년들이 참여하고 제안한 내용이 실제 현실에 반영될 가능성을 높이기 위해 정책마켓

행사를 개최한다. 2017년 처음 개최된 정책마켓은 매년 그 인기를 더해 가고 있다. 정책마켓에서는 청소년들의 삶을 개선하는 데 도움이 되는 정책 제안 내용을 한데 모아, 국회의원, 자치단체장, 교육청 관계자, 시·구의원, 공무원, 시민단체 등 정책 수요자들과 연결한다. 한마디로 청소년들이 제안하는 내용이 실제 현실 정책에 반영되도록 돕는 일종의 정책박람회인 셈이다.

그동안 몽실학교 정책마켓을 통해 청소년들이 제안한 '통학로 안전권 보장을 위한 조례/법률개정안', '노동 의무교육' 등이 경기도의원들에게 판매되었다.교육부 행복한 교육, 2018.11. 정책마켓을 통해 청소년들은 정책 참여의 기회를 얻게 되고, 다양한 주체들이 서로의 아이디어를 공유할 수 있게 된다. 무엇보다 정책마켓은 청소년들이 참여활동을 통해 생산한 아이디어나 활동 결과가 실제 정책입안자들에게 전달되고, 이를 통해 실질적인 변화로 이어질 수 있다는 점에서 의미가 있다.

몽실학교의 시사점

경기도교육청이 추진하는 몽실학교와 그 세부 사업의 일환으로 진행된 마을 프로젝트는 지역사회 참여를 실천하면서 청소년이 주도해 가는 교육과정이라는 점에서 의미가 있다. 학교 교육과정과 지역사회 참여를 연계하는 것을 뛰어넘어, 청소년이 직접 지역사회에 참여하는 교육과정을 스스로 기획하고 만들어 가는 프로그램이라는 점에서 기존의 지역사회 참여-교육과정 연계와 차별화되고, 기존의 패러다임을 뛰어넘는다.

몽실학교는 청소년 참여에 대한 지역 주민들의 인식 개선에 기여하고, 청소년 참여가 청년들의 참여로 이어지는 선순환구조를 만들었다는 평가를 얻는다. 청소년 참여의 긍정적인 모습들이 가시화되면서 마을이 지지하고 지원하며, 청소년들은 청년이 되어 다시 길잡이 교사로 돌아오는 선순환이 발생한다.[서우철, 2017] 이러한 시도는 지역사회의 공동체 의식을 제고하는 데도 크게 도움이 된다.

또한 몽실학교는 외부 자원들과의 네트워킹과 연대를 통해 사례 확산에 기여하고 있다. 청소년이 주도하는 마을교육공동체, 스스로 만들어 가는 교육과정 사례로 몽실학교의 사례가 널리 알려지면서 많은 이들이 관심을 보이고 있고, 다른 지역에서도 청소년이 주도하는 자치 배움터를 만들기 위한 노력이 이어지고 있다.

사례 3: 핀란드 헬싱키의 청소년 사회참여 시스템, 루띠(Ruuti)

루띠 운영 방법

해외에서 눈여겨볼 만한 청소년 지역사회 참여 사례로는 핀란드의 루띠를 들 수 있다. 루띠는 헬싱키에서 운영되는 청소년 사회참여 시스템으로, 청소년들이 온라인 공간에서 소규모 동아리를 구성해서 지역사회 환경 개선에 대한 아이디어를 제안하면, 제안된 정책을 정책담당자들이 검토해서 정책에 반영하는 제도이다. 루띠는 핀란드어로 '화약gunpowder'을 의미하는데, 생동력, 통찰력, 변화의 시작 등의 의미가 내포되어 있다. 청소년들의 참여를 통해 지역사회

에 새로운 변화를 도모하고자 하는 의미가 내포되어 있다.Högnabba & Mattila, 2016

루띠는 핀란드에서 이전부터 운영되었던 '청소년의회' 제도의 한계를 극복하기 위해 도입되었다. 핀란드에서는 청소년들의 지역사회 참여를 보장하기 위해 지자체별로 청소년의회를 운영해 왔다. 그런데 청소년의회는 의원으로 활동하는 청소년들만 참여 기회를 갖게 된다는 점에서 근본적인 한계가 있다. 더구나 여기에 참여하는 청소년들은 대부분 이미 다양한 참여 경험이 있거나, 유리한 위치에 있는 청소년들이 많았다. 반대로 이민자 가정의 청소년처럼 소수 집단 혹은 사회적 취약계층 청소년들은 참여 기회를 얻기 쉽지 않다. 그로 인해 소수자 집단의 의견은 반영되기 어렵다는 문제가 노출되었고, 루띠는 이 같은 접근 기회의 폐쇄성 문제를 개선하기 위해 새롭게 등장하게 되었다.Högnabba & Mattila, 2016 실제로 루띠 프로그램을 통해 헬싱키시의 청소년들은 누구나 언제든지 자신들의 의견을 제시하고, 이를 발전시켜 나갈 기회를 부여받는다.

루띠 시스템은 청소년들이 지역사회에 직접 참여해서 보다 나은 헬생키시를 함께 만들어 가는 기회를 제공하는 데 초점을 두고 있다. 따라서 기본적으로 루띠 시스템에서는 헬싱키에 거주하는 모든 청소년들이 적어도 1년에 1회 이상의 민주적인 참여 경험을 갖도록 하는 데 목표를 둔다. 말하자면 루띠는 청소년들이 그들의 의견을 내거나 혹은 대의를 위한 변화에 참여하는 경험을 하도록 돕는 시스템이다. [그림 7-3]에는 루띠에서 제시하는 구체적인 목표와 전략이 압축적으로 제시되어 있다.

[그림 7-3] 핀란드 루띠 시스템의 목표

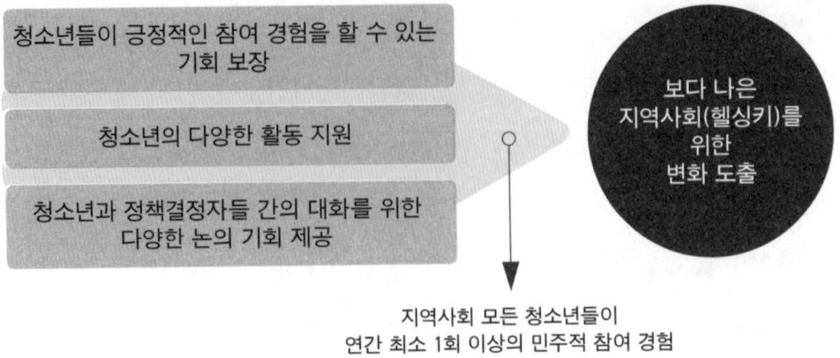
청소년들이 긍정적인 참여 경험을 할 수 있는 기회 보장
청소년의 다양한 활동 지원
청소년과 정책결정자들 간의 대화를 위한 다양한 논의 기회 제공
보다 나은 지역사회(헬싱키)를 위한 변화 도출
지역사회 모든 청소년들이 연간 최소 1회 이상의 민주적 참여 경험

출처: http://ruuti.munstadi.fi/en/ruuti/ 내용을 그림으로 재구성.

이처럼 루띠는 보다 많은 청소년이 참여 기회를 갖도록 돕는 데 목적을 두기 때문에, 헬싱키시에 거주하는 13~20세의 청소년이면 누구나 참여할 수 있다. 루띠에 참여하기 위해 요구되는 사전 경험이나 별도의 자격 요건은 없다. 다만 루띠는 기본적으로 '개인'보다는 '단체'를 지원한다. 따라서 청소년 개인이 개별적으로 대안을 제시하는 것보다는, 모둠이나 동아리를 구성해서 여럿이 함께 아이디어를 논의하고 검토하여 발전시킨 형태로 제안하는 것을 지향한다.루띠 홈페이지, 2017. 10. 19. 인출

루띠는 기본적으로 '활동 집단activity group'과 '핵심 집단core group'으로 구성된다. 활동 집단은 청소년 스포츠활동 활성화, 동물 보호처럼 청소년이 관심을 갖는 특정 주제를 중심으로 실제로 참여활동을 하고자 하는 청소년 조직을 일컫는다. 청소년은 누구나 스스로 활동 집단을 새로 만들거나, 기존에 만들어진 집단에 참여할 수 있다. 새로 활동 집단을 구성할 때는 같은 주제에 관심을 가진 청소년

10명을 모집해서 구성하면 된다. 활동 집단은 이렇게 스스로 선택한 문제나 주제에 대해 수시로 회의를 개최하고 논의한다. 모든 활동 집단의 활동 내용은 루띠넷ruuti.net 웹사이트에 게시하고, 아이디어를 공유한다. 루띠 활동 집단에서 가장 중요한 점은 활동 집단이 집중하는 의제나 이슈가 성인들에 의해 주어지는 것이 아니라, 반드시 청소년들이 스스로 고민하고 선택한 것이어야 한다는 점이다.한국청소년정책연구원, 2017

핵심 집단은 루띠 시스템을 운영하는 운영기구로 볼 수 있다. 매년 선거를 통해 선출되는 20여 명의 청소년으로 구성된다. 헬싱키시에 거주하는 청소년은 누구나 루띠 핵심 집단 구성원을 선출하는 선거에 입후보할 수 있으며, 입후보 시에도 사전 경험 등 특별한 자격 조건은 요구하지 않는다.

루띠는 활동 집단을 통해 청소년들이 활동한 내용이 실제 지역사회 변화로 이어질 수 있도록 다양한 채널을 운영하고 있다. 루띠 박람회, 정책 세미나가 그것이다. 루띠 박람회는 매년 가을 헬싱키시 청소년부가 개최하는 대규모 청소년 지역사회 참여 행사다. 박람회에서 헬싱키시 정책결정권자들을 비롯해 담당 공무원, 부처 관계자, 유관 기관 및 단체 관계자, 청소년이 함께 만나 상호 의견을 교환하고 협력한다. 루띠 박람회에서는 이전에 청소년들이 제안한 정책 대안 가운데 채택된 내용이 실제로 얼마나 잘 실천되고 있는지 진행 상황을 점검하는 자리도 마련된다. 이 같은 자리를 마련한 이유는 청소년 참여가 '보여주기식' 참여나 이벤트에 그치는 것이 아니라, 실제 정책에 반영되는 것임을 분명히 하기 위해서이다.

'빠따야미띠Paattajamiitti'라는 이름의 정책 세미나도 개최된다. 빠따야미띠에는 청소년, 정책결정자, 헬싱키시 담당 공무원들이 참석한다. 이 자리에서 청소년들은 그들이 제안한 정책 대안들을 정책담당자들에게 직접 소개할 기회를 갖는다. 빠따야미띠 행사에서 청소년들은 주제별로 소규모 그룹 토론에 참여하면서 정책 대안들을 준비한다. 그런 다음에 헬싱키시 공무원, 정책결정권자들과 함께 하는 주제별 워크숍을 통해 준비한 정책 대안의 추진 방법이나 전달 체계

[그림 7-4] **루띠 박람회(위)와 빠따야미띠(아래) 개최 장면**

출처: Högnabba & Mattila(2016), 18~19쪽.

등을 구체화한 실행 계획action plan을 공무원들과 청소년이 함께 협력해서 마련한다. 청소년들의 참여활동 결과가 실제로 시정에 반영되는 기회인 셈이다.

[그림 7-5] 루띠넷 홈페이지

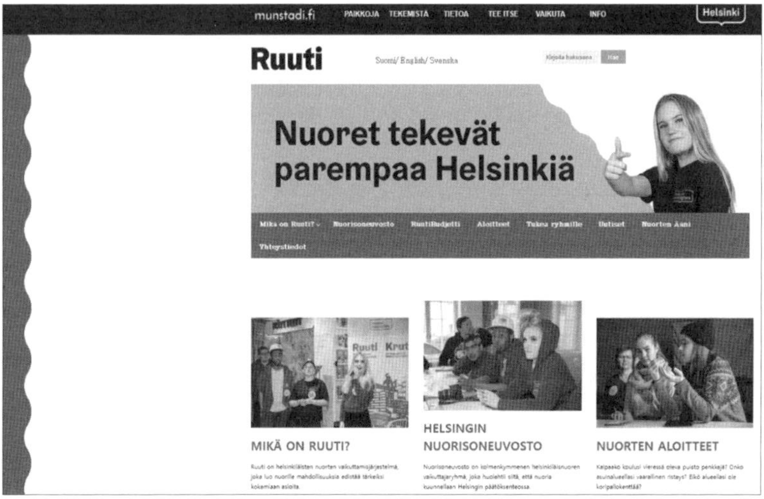

출처: 루띠넷 홈페이지 https://ruuti.munstadi.fi/에서 2021. 7. 30. 인출.

'루띠넷Ruuti.net'도 루띠를 구성하는 요소 중 하나이다. 루띠넷은 헬싱키시 청소년들이 지역사회 참여 과정에서 생산해 내는 활동, 아이디어, 정책 대안, 의견들을 공유하는 온라인 공간이다. 루띠넷을 통해 청소년 참여활동의 다양한 내용이 소개되고, 청소년들이 제안한 내용이 헬싱키시 정책담당자들에게 전달된다. 즉 루띠넷은 청소년 참여활동 기록이 축적되는 방대한 데이터베이스이자, 제안된 내용이 실제 정책화되는 직접적인 역할을 한다.

루띠의 시사점

루띠는 청소년 지역사회 참여의 측면에서 무척 의미가 있다. 첫째, 헬싱키에 거주하는 청소년이라면 누구나, 언제든지 참여할 수 있도록 문호가 개방되어 있다는 점이다. 루띠는 10명 이상의 청소년들이 특정 이슈에 대해 활동 집단을 구성하면, 바로 참여활동을 시작할 수 있다. 혹은 새로 모임을 구성하지 않더라도 기존에 운영되는 활동 집단 가운데 본인이 관심 있는 집단에 합류함으로써 언제든지 참여활동을 할 수 있다. 이러한 방식은 접근 가능성의 측면에서 보면, 가장 높은 수준의 개방성을 보여 주는 것이다.

루띠가 이처럼 높은 수준의 개방성을 보이는 것은 루띠 시스템이 기존에 운영되던 청소년의회의 제한성과 폐쇄성을 극복하기 위해 고안되었다는 도입 배경과도 밀접한 관련이 있다. 따라서 루띠는 처음부터 선발된, 혹은 우수한 소수의 청소년뿐만 아니라 누구라도 언제든지 참여할 수 있도록 설계되었다. 이러한 루띠의 운영 방식은 청소년 참여가 일상적으로 이루어질 수 있는 통로를 열어 주었다는 점에서, 기존 참여 정책과 다른 새로운 패러다임의 제도로 평가할 수 있다.

둘째, 루띠 시스템의 운영 주체가 헬싱키시 당국이며, 루띠를 통해 제안된 정책을 시정市政에 반영하겠다는 분명한 의지를 갖고 있다는 점이다. 따라서 루띠에서는 청소년들이 제안한 정책 대안이나 아이디어들이 단지 '제안'에 그치는 것이 아니라, 실제로 정책으로 실현될 수 있는 장치들이 운영 과정 전반에 반영되어 있다. 루띠 박람회, 정책 세미나인 빠따야미띠 등을 개최할 때 실제 정책담당자와 공무원들이 함께 참여해서 청소년들과 상호 논의 과정을 거쳐 정책 추진 계획을 수립하도록 한 점, 그리고 정책 추진 과정을 점검할 수 있는 기제를 마련해 둔 것도 그러한 노력의 일환으로 볼 수 있다. 이러한 장치들은 청소년 참여가 실제 영향력을 발휘하도록 보장한다는 점에서 의의가 있다.

셋째, 온라인 활동과 오프라인 활동이 상호 보완을 통해 적절히 활용되고 있다는 점이다. 루띠는 기본적으로 온라인 사이트인 루띠넷을 통해 청소년들이 자신들의 의견을 개진하고, 그것이 헬싱키시 정책담당자들과 공유된다. 이러한 온라인 기반 참여는 접근 가능성과 개방성을 극대화하고 청소년들이 일상적으로, 또 상시적으로 참여할 수 있도록 하는 장치가 된다.

그렇지만 전체 참여 과정이 온라인 활동에만 의존할 경우, 자칫하면 참여활동의 실체나 성과가 모호할 수 있다. 루띠는 루띠 박람회, 정책 세미나, 워크숍 등 다양한 오프라인 행사를 통해 청소년들이 실제로 정책담당자들을 만나고, 그들에게 자신의 의견을 개진하며, 상호 토론하고 협의할 기회를 보장함으로써 이러한 문제가 발생하지 않도록 예방하고 있다. 이 같은 오프라인 활동을 통해 청소년들은 참여를 통한 성취나 효능감을 제고할 수 있고, 정책화 과정에 대한 이해도도 높일 수 있다.

사례 4: 학교교육과 연계한 청소년 지역사회 참여 수업 사례 '체인지메이커'[12]

청소년들이 누구나 손쉽게 지역사회 참여를 경험하도록 접근 기회를 넓히고 저변을 확대하는 데는 학교교육과 연계하는 것이 무척 효과적이다. 그간 교육과정 개정이 이루어지면서 정규 교육과정을 활용해 지역사회 참여를 실천할 수 있는 근거는 이전보다 강화되었다. 2000년대 초 제7차 교육과정의 시행으로 학교현장을 중심으로 생활 속 민주주의 실천을 표방하며, 이른바 '참여', '일상', '숙의', '비판적 사고', '실천적 지식' 등의 가치가 새롭게 조명되었다.[홍미화 외, 2016] 지역사회 참여도 이러한 가치와 맥을 같이 하는 것으로 이해할 수 있다. 상술한 내용은 민주시민교육이라는 이름으로 그 중요성이 강조되어, 교육부와 각 시·도교육청에서는 학교에서 민주시민교육을 강화할 목적에서 교사 연수와 교육용 교재 개발, 관련 프로그램 개발이 필요함을 강조하고 있다.[홍미화 외, 2016: 2] 이 같은 환경 변화에 힘입어 학교현장에서는 제한된 범위에서나마, 수업과 연계한 지역사회 참여 활동 사례들이 축적되고 있다. '체인지메이커'도 그 대표적인 사례에 속한다.

---

12. 여기에서 소개한 체인지메이커 교육활동은 "서울특별시교육청(2020. 12), 「더 나은 세상으로의 발걸음: 체인지메이커 교육 여정 안내서(선생님 입문편)」"의 내용을 요약·발췌하였다.

체인지 메이커(changemaker) 교육활동이란?

'체인지메이커'는 우리가 흔히 알고 있는 영어 단어 '체인지change'와 '메이커maker'를 합성한 단어로, 표면적으로는 '변화를 만드는 사람'을 의미한다. 그러나 체인지메이커 운동을 주동하는 이들은 체인지메이커는 체인지와 메이커를 합성한 것 그 이상의 의미를 담고 있다고 강조한다. 체인지메이커는 '결과형'이기보다는 '목적형'이며, 따라서 누구나 자신과 관련이 있는 문제들을 실제 행동을 통해 해결해 가고 있다면 체인지메이커로 볼 수 있다고 강조한다.서울특별시교육청, 2020. 12. 이러한 체인지메이커의 개념과 목적을 학교교육에 접목하여 체인지메이커 교육활동으로 이어지고 있다. 체인지메이커 교육은 학생들이 스스로 자신과 연결된 실생활의 문제들을 발견하고 공감하며, 해결하기 위해 소통하고 협력하는 과정에서 다양한 역량을 발휘하고 기를 수 있도록 하는 교육활동을 일컫는다.서울특별시교육청, 2020. 12.

학교교육에서 체인지메이커 활동에 주목하는 이유는 그것이 지향하는 바가 성숙한 시민, 능동적인 학습자를 길러 내고자 하는 교육 목적과도 부합하기 때문이다. 체인지메이커는 스스로 문제를 발견하고 이를 해결해 나가는 연습을 한다. 이러한 경험들이 축적되었을 때, 사회의 불합리나 문제를 적극적으로 해결해 나가는 성숙한 시민으로 성장할 수 있다고 보는 것이다. 또한 체인지메이커 활동을 통해 정해진 지식이나 역량만을 활용하는 수동적 학습자가 아니라, 사회 현상을 깊이 관찰하고, 논리적인 사고로 문제를 분석하며, 다양한 자료 수집과 협력적 문제 해결 과정을 통해 복합적인 역량을 기르는 기회가 될 수 있다.서울특별시교육청, 2020. 12.

체인지메이커 교육활동 운영 방법

체인지메이커 교육은 어느 날 갑자기 발생한 것은 아니다. 지금까지 교육 대상과 목적에 따라 다양한 모습으로 전개되어 왔다. 최근에는 체인지메이커 교육이라는 용어를 주로 사용하고 있지만, 학생들이 직접 변화를 이끄는 주체가 되어 사회문제에 공감하고 실행하도록 이끄는 다양한 활동들이 모두 체인지메이커 교육과 밀접한 관련이 있는 것으로 볼 수 있다. 프로젝트 학습이나 사회참여교육, 민주시민교육 등이 여기에 속한다.

체인지메이커 교육활동의 기본적인 흐름은 아래 그림에 제시된 것처럼 5단계를 따라 이루어진다. 먼저 스스로 체인지메이커로서의 정체성을 확인하고, 변화를 만들어 나갈 주변의 문제를 발견한다. 그런 다음, 왜 그것이 문제가 되는지를 확인하고, 해결 방법과 전략은 무

[그림 7-6] **학교에서의 체인지메이커 교육 방법**

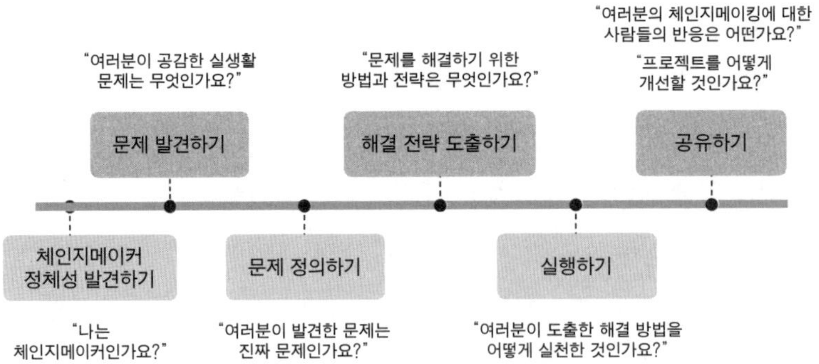

출처: 서울특별시교육청(2020.12),
더 나은 세상으로의 발걸음: 체인지메이커 교육 여정 안내서(선생님 입문편), 12쪽.

엇인지를 도출한다. 이렇게 도출한 해결 전략으로 직접 실행해 보고, 결과를 공유한다.서울특별시교육청, 2020. 12. 체인지메이커에서 제시한 5단계 활동은 제일 먼저 제시되는 '체인지메이커 정체성 발견하기'를 제외하면, 앞서 살펴본 '시작된 변화'에서 제안한 4단계 활동과도 매우 유사하다.

체인지메이커 교육활동을 학생들의 자발성과 주도성을 기준으로 구분해 보면, 다음의 네 가지 유형으로 나눠 볼 수 있다. 이 가운데 학생 주도성이 높으면서 자발적 참여 수준도 높은 것은 "프로젝트팀형"이다. 학생들이 자발적으로 참여하면서 주도권을 갖고 프로젝트를 기획·설계·진행하면서 체인지메이커 활동을 하는 것이 이 유형의 특징이다. 이 유형에서 선생님은 주도적 역할을 담당하지 않고, 학생들이 활동하는 데 조력자 혹은 촉진자로서의 역할을 담당한다. 서울특별시교육청, 2020. 12.

프로젝트팀형이 가장 바람직하지만, 처음부터 그 단계로 나아가기는 쉽지 않다. 따라서 학생들의 수준과 단계에 따라 적합한 유형을 적용할 필요가 있다. 현장에서 체인지메이커 교육을 적용해 온 전문가들은 이 네 가지 유형 중에 덜 중요한 유형이 있는 것은 아니라고 강조한다. 일반적인 학교 상황에서는 보통 교육과정 중심 수업형 → 체인지메이킹 중심 수업형 → 초기 동아리형 → 프로젝트팀형으로 발전해 나갈 가능성이 크다.서울특별시교육청, 2020. 12.

[그림 7-7] 체인지메이커 교육 방법의 유형

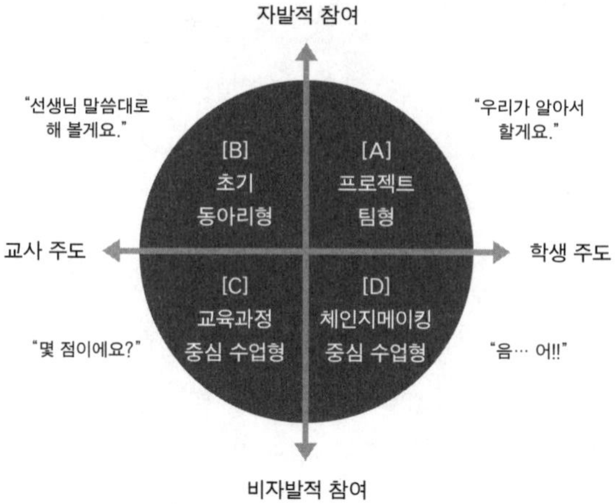

출처: 서울특별시교육청(2020. 12),
더 나은 세상으로의 발걸음: 체인지메이커 교육 여정 안내서(선생님 입문편), 13쪽.

● 체인지메이커(changemaker) 교육활동 사례

체인지메이커 교육활동 가운데 널리 알려진 사례로 초등학생들이 국립중앙박물관의 문제점을 발견하고 해결한 사례가 있다.

먼저, 서울수송초등학교 학생들이 자발적으로 만든 '솔루션' 동아리 활동이 그것이다. 수송초등학교 학생들은 국립중앙박물관 현장체험 과정에서 도시락을 먹을 장소가 마땅치 않다는 문제점을 발견했다. 국립중앙박물관은 많은 학생들이 현장체험 장소로 찾는 곳임에도 불구하고 식사 장소가 마련되어 있지 않아, 학생들이 박물관 바닥이나 계단에 앉아 도시락을 먹는 일이 반복되고 있었던 것이다. 이에 학생들은 도시락 먹을 장소를 만들어 달라고 전자민원을 넣고, 박물관에 편지를 보냈다. 처음에는 전자민원을 통해 현실적으로 별도 공간을 만들기 어렵다는 답변을 받았다. 그렇지만 아이들은 포기하지 않고 언론에 이러한 사실을 기고하며 계속 해결책을 찾아 나갔다. 언론에 알려지면서 박물관 측에서 기존의 교육실습장을 도시락을 먹을 수 있는 공간으로 개방했다. 그러나 아이들은 교육실습장은 실습장으로서 제 기능을 수행하도록 하고, 다른 공간을 활용하는 것이 더 바람직하다는 것을 파악했다. 학생들은 다른 공간을 제안했고, 결국 박물관에서는 '도란도란 쉼터'를 마련해서 학생들이 비바람을 피해 도시락을 먹을 수 있는 공간을 마련했다.서울시교육청, 2020. 12. 이 사례는 초등학생의 사회참여의 대표적 사례로서 교과서 개편에 반영되어 초등학교 사회 교과서에 수록되었다.배성호, 2016

초등학생들이 안전지도를 만든 사례도 있다. 학교안전지도 혹은 동네안전지도 만들기는 학생들이 생활 주변, 생활공간에서 쉽게 접하는 문제 상황을 발견하고, 그에 대한 해결책을 고민해 보며, 그것이 사회참여로 자연스럽게 이어질 수 있는 연결고리를 제공한다는 점에서 의미가 있다.배성호, 2016 안전지도 만들기는 사전 교육, 현장조사, 지도 제작, 발표 등의 단계를 따라 진행된다. 사전 교육 단계에서는 학교 혹은 동네 주변처럼 학생들이 주로 생활하는 동선에서 안전한 장소와 위험한 장소에 어떤 곳들이 있는지를 살펴본다.

그런 다음 이를 조사하기 위해 필요한 것은 무엇인지 고민해 보고, 실제 현장조사에서는 인터넷 등에서 학교나 동네 위성지도를 출력해서 직접 해당 장소를 확인한다. 이 과정에서 주민들과 인터뷰를 해 볼 수도 있다. 그런 다음 모둠별로 조사한 내용을 바탕으로 함께 모여 지도를 작성하고, 마지막으로 발표 과정을 거침으로써 전체 과정이 마무리된다.[배성호, 2016] 이처럼 유쾌한 초등학생들의 사회참여 과정은 책으로도 발간되었다.

출처: 네이버 책 https://book.naver.com

체인지메이커 교육활동의 시사점

청소년 지역사회 참여 사례로서 체인지메이커 교육활동은 다음과 같은 측면에서 시사점을 제공한다. 첫째, 이러한 활동들이 학교교육을 통해 이루어진다는 점이다. 학교교육을 통해 사회참여활동이 이루어지게 되면, 청소년들이 참여를 위해 별도의 시간을 할애하지 않고 학교 수업의 일환으로 모두 다 같이 경험할 수 있다는 점에서 의미가 있다. 또한 학교교육의 일부로 이루어진다는 점에서, 청소년 참여에 대한 학부모들의 인식을 개선하고 관심을 환기하는 데도 도움이 된다.

둘째, 교육과정과 연계한 참여활동은 어린 시절부터 자연스럽게 지역사회 참여를 접할 기회를 제공한다는 점에서도 의미가 있다. 특히 초등학교에서 이러한 활동들을 경험할 기회를 갖게 된다는 데 주목할 필요가 있다. 여기에서 제시한 체인지메이커의 실제 적용 사례 역시 초등학생들이 중심이 되어 스스로 문제를 발견하고 해결책을 모색해 나가는 과정과 성과를 보여 주었다. 흔히 초등학생은 사회참여를 하기에 너무 어리다는 인식을 갖기 쉽다. 그러나 초등학생도 얼마든지 눈높이에 맞는 사회참여가 가능하다. 체인지메이커에서 지향하는 이러한 활동들이 학교 동아리 활동이나 프로젝트팀 활동의 형태로 잘 조직화될 경우 더욱 많은 청소년이 참여 기회를 갖는 데 크게 도움이 될 것으로 생각된다. 그리고 어린 시절의 의미 있는 경험은 이후 중학생, 고등학생, 나아가 성인으로 이어지며 사회문제에 적극적인 관심을 갖는 성숙한 시민으로 성장하는 데 중요한 밑거름이 될 것이다.

실천과 공유, 작지만 의미 있는 변화를 기대하며

지금까지 살펴본 주목할 만한 청소년 지역사회 참여 사례들은 어떤 공통점이 있을까?

첫째, 처음부터 끝까지 철저히 청소년이 주도했다는 점이다. 여기에서 살펴본 사례들은 모두 처음부터 끝까지 청소년들이 주도하도록 설계되어 있다. 참여의 필요성을 청소년들이 상호 공유하고, 기획, 공유할 문제의 발견, 해결 방안 모색, 대안 제시까지 전 과정을 청소년이 주도한다. 물론 해당 사업 또는 프로그램 운영에 성인이 개입하지 않는 것은 아니다. 오히려 역량 있는 성인 지도자의 개입은 청소년 참여활동을 풍부하게 만든다. 성인 지도자들은 참여활동을 주도하거나 틀을 정형화하지 않고, 청소년들이 스스로 참여활동을 이끌어 갈 수 있도록 지원하는 촉진자facilitator 역할을 한다.

둘째, 개인보다 팀별 활동을 지향한다는 점이다. 노원구의 '시작된 변화' 프로젝트는 4명 이상의 동아리 구성을 요구하고, 몽실학교도 5~20명 정도의 팀을 구성해서 참여한다. 핀란드 헬싱키시의 '루띠'는 동일한 이슈에 관심을 가진 10명 이상의 청소년들로 활동 그룹activity group을 구성해서 참여활동을 전개하도록 마련되어 있다. 체인지메이커 역시 동아리 활동이나 프로젝트 팀 활동을 바람직한 형태로 제시하고 있다. 이처럼 국내외에서 비교적 장기간에 걸쳐 안정적으로 운영되는 대표적인 청소년 지역사회 참여 사업들이 모두 개인 단위가 아니라 팀 단위 활동을 전제로 하는 것은, 여럿이 팀을 구성해서 참여활동을 했을 때 참여의 효과가 배가될 수 있기 때문이다. 지역사회 문제에 관심을 갖고 참여하는 데는 다양한 방식이 존재할 수 있다. 일례로 개인이 관공서의 게시판에 제안을 하는 것도 사회참여의 일종으로 볼 수 있을 것이다. 그렇지만 참여가 더 나은 지역사회를 만들기 위한 노력이라고 본다면, 참여 과정에서 서로 다른 구성원들의 의견을 조율하고, 함께 논의하는 과정을 통해 더 나은 대안을 찾아가는 연습이 필요하다.

셋째, 누구나 참여할 수 있도록 문호를 활짝 열어 두고 있다는 점도 중요한 포인트다. 공부를 잘하는 청소년, 학교에서 추천을 받거나 선발된 청소년들이 참여하는 프로그램들이 아니다. 지역사회 문제에 관심을 가지고, 참여활동을 해 보고 싶은 청소년들은 누구나 참여할 수 있다. 이러한 방식은 청소년 참여를 '제한된 소수'의 참여에서 '일반적 다수'의 참여로 전환했다는 점에서 의미가 있다.

넷째, 여기에서 살펴본 사례들 가운데 서울 노원구 '시작된 변화', 교육과정과 연계해서 추진되는 '체인지메이커'와 같은 프로젝트형 사회참여 프로그램들은 대부분 4단계 혹은 5단계의 참여 방법을 강조하였다. 각 프로그램별로 구체적인 단계의 명칭은 다르지만, 대체로 문제 발견 → 문제 해결을 위한 방법 조사 → 대안 제시 → 실천하기 → 공유하기 등의 흐름을 따르되, 프로그램 특성에 따라 약간의 변형을 가하고 있었다. 이 같은 사회참여의 단계에서 눈여겨볼 부분은 우리가 흔히 생각하는 것처럼, 문제점을 찾고 대안을 모색해서 해결책을 제시하는 데서 끝나는 것이 아니라, 대부분의 프로그램이 '실천'과 '공유'의 단계를 포함하고 있다는 점이다. 즉 청소년의 사회참여가 단지 '체험' 수준에 그치는 것이 아니라 실제 변화를 도모할 수 있도록 직접 실행 수단을 찾아서 실천해 보고, 그것을 지역사회 구성원들과 공유하는 것까지를 참여의 과정으로 간주하고 있었다. 이는 루띠 박람회, 빠따야미띠 등을 운영 중인 핀란드 헬싱키 사례도 마찬가지였다.

다섯째, 청소년의 참여가 실제 변화로 이어질 수 있도록 다양한 장치들을 마련해 두고 있다는 점이다. 핀란드 '루띠' 시스템에서는 정책 세미나인 '빠따야미띠'를 통해 정책담당자와 청소년이 함께 정책 대안에 대해 구체적인 추진 계획을 마련하도록 하고, 이렇게 마련된 정책 대안에 대해 루띠 박람회에서 추진 상황을 점검하는 등 제도 전반에 걸쳐 청소년들의 제안이 현실화되도록 지원하는 데 각별한 관심을 기울였다. 경기도교육청 '몽실학교'에서는 정책마켓을 통해 정책입안자와 청소년이 소통할 수 있는 장場을 제공하고 있었다.

참여를 통해 실제 변화를 일으키는 '영향력의 행사'는 청소년 참여를 구성하는 본질적인 요소이다. 그럼에도 불구하고 그동안 국내에서 운영된 청소년 참여 정책의 경우, '보여주기식' 참여에 그치며 실제 영향력이 발휘되지 못한다는 비판이 지속적으로 제기되어 왔다. 여기에서 제시된 사례들은 청소년 참여가 실제 변화로 이어지기 위해서는 이를 보장하는 보다 면밀한 사업 설계와, 이를 뒷받침하는 성인들의 인식 전환과 적극적 지원이 필요함을 시사한다.

청소년 참여는 거창하거나 대단한 것이 아니다. 청소년 참여는 우리가 일상생활을 하면서 부딪치는 문제들, 주변에서 마주하는 문제들을 관심 있게 바라보고, 우리의 삶을 조금 더 나은 방향으로 바꿔보려는 관심만 있다면 얼마든지 가능하다. 그렇기 때문에 거창한 제도나 시스템보다는, 우리의 일상적 삶 속에서 참여가 이루어지도록 하는 것이 중요하다. 작지만 의미 있는 변화. 그것이 청소년 참여의 핵심이자 본질이다. 청소년들이 생활하는 '지역사회' 중심의 참여가 중요한 이유이기도 하다.

8장
청소년, 자신의 문제에 대한 답을 찾다[13]

모상현

청소년 자기주도 연구의 필요성과 의미

청소년 의제 참여 및 권한 강화는 국제 사회의 주요 관심이며, 청소년 권한을 강화하고 청소년 중심 정책을 모색하는 주요한 방법으로 세계에서 주목받고 있으나(미 UCLA YPAR Hub 등) 한국에서는 이와 같은 접근이 아직 드물게 이루어지고 있다. 청소년 참여형 연구를 통한 청소년 당사자의 경험과 지식의 축적은 청소년정책을 제안하는 과정에서 청소년의 권한 강화 측면에서 중요한 의미를 지닌다. 청소년 스스로 자신과 또래가 경험하는 문제를 고민하고, 연구 문제로 정의하고 이를 해결하는 과정과 도출된 결과를 근거로 정책화하는 과정 자체만으로도 청소년의 권한을 강화하고 청소년 참여활동

13. 이 글은 「청소년 참여 연구사업 운영을 통한 청소년 활동 활성화 및 역량 증진 방안 연구」(모상현, 2019)와 「청소년 참여 연구사업 운영을 통한 청소년 활동 활성화 및 역량 증진 방안 연구: 10대 연구소 연구사업 운영보고」(모상현·함세정, 2019)의 내용에 근거하여 작성함.

의 실효성을 확보하는 것이 되기 때문이다.

이러한 이유로 청소년 참여형 실행 연구에 대한 관심이 세계적으로 확대되고 있다. 그러나 한국 사회에서는 청소년 참여형 실행 연구가 매우 미흡했고, 그 결과 청소년에 대한 지식의 축적 과정에서 청소년은 연구 대상으로만 인식되었다. 청소년 당사자에 대한 지식은 성인 전문가의 영역으로 연구 대상을 통제하고 생산된 지식이었으며, 이러한 지식을 기반으로 청소년정책이 수립되고 시행되었다. 청소년 당사자 참여형 연구를 통해 청소년 스스로 사회적 지식과 청소년에 대한 지식을 생산하는 체계를 수립하여 청소년의 권한과 주체성을 강화할 수 있다.

이러한 접근은 청소년 당사자의 시각에서 구체적인 삶의 맥락과 의미를 분석하여 살아 있는 지식을 축적할 수 있다는 점에서 의미가 있다. 같은 10대 청소년 내의 여러 가지 다른 인식을 찾아내도록 함으로써 스스로 다양한 청소년의 목소리와 성향을 파악할 수 있다. 이러한 시도는 청소년의 삶과 의식을 단편적이지 않게 좀 더 입체적으로 보도록 해 줄 수 있으며 그동안 천편일률적으로 운영되었던 형식적인 청소년 참여활동의 모형을 성찰해 보는 계기를 마련해 줄 수 있다.

그간 청소년에 대한 지식은 청소년 당사자와 분리되어 축적되어 온 경향이 있다. 한국 사회의 뿌리 깊은 연령주의와 청소년의 사회경제적 자원 부족으로 인하여 전문가가 연구 대상을 '통제'하고 '지식'을 분배하는 패러다임을 넘어서기 어려운 조건에 처해 있다. 연구자-연구 대상 구별과 권력 위계를 허무는 시도로서 청소년 참여형 연구는 10대를 연구자로, 그들의 활동을 '연구'로 명명함으로써 청소년의 권한을 강화할 계기로 삼는다.

4차 산업혁명 시대에 청소년의 미래 지향적 역량 강화는 그 어느 때보다 중요해졌으며, 미래 세대에 필요한 역량으로 스스로 문제를 파악하고 적극적으로 학습하는 기술과 복잡한 문제를 해결하는 능력이 대두되고 있다.[World Economic Forum 2018] 인공지능과 자동화 기술이 고도화된 사회에서는 특정 직업에 적합한 지식 또는 기술보다는 창의성, 논리적 사고력, 문제 인지 능력과 적극적 학습 능력을 포함한 콘텐츠 제작기술, 경청과 비판적 사고력이 필요한 공정기술, 그리고 설득과 공감지능을 포함한 사회적 기술이 가장 크게 주목받고 있다.[World Economic Forum 2017] 청소년 참여형 연구는 연구 문제의 설정, 연구 방법 설계, 현장에서의 인터뷰, 설문 등으로 이루어진 조사 과정을 통해 청소년 문제 해결을 모색하는 만큼 4차 산업혁명이 요구하는 역량을 강화하기에 적합한 방법이다.

본 연구는 청소년 참여형 연구로 10대들에게 현재 자신의 삶에서 중요한 이슈를 선정하도록 하고, 이를 구체화하여 문제로 정의하고, 연구로 풀어 나가는 경험을 제공하여 자기 삶의 문제를 탐색하고 해결할 수 있는 역량을 강화하고자 한다. 이를 통한 경험은 사회과학적 지식으로 구성된 경험으로, 주관적으로 문제를 파악하기보다는 거리두기와 가까이 보기 등의 방법을 통한 주객관적 시선 두기를 익히게 된다. 구체적으로 연구 활동을 통해 리더십, 비판적 사고, 쓰기 및 말하기, 의사결정, 권익 옹호, 의사소통, 일정 관리, 회의 퍼실리테이션, 갈등 해결, 팀워크, 연구 방법[14] 등 다양한 삶의 기술을 함양할 수 있다.

청소년 참여형 연구는 청소년 당사자가 직접 관여한다는 측면에서 중요한데, 무엇보다 이를 안착시킬 수 있는 성공적인 모델의 제시가 중요하다. 특히 경쟁적 입시 환경에 처한 청소년의 상황과 청소년 사업의 시공간적·물리적·인적 조건을 감안할 때 '10대 청소년 연구사업'의 실제 운영 방식에 대한 정보 공유와 구체적 실행 방안 제안은 청소년 참여형 활동 분야에 상당한 자원으로 작용할 수 있다. 10대 연구사업은 당사자 참여형 연구를 진행하기 위해 선행 연구에 대한 고찰과 연구 결과의 리뷰 및 제언을 고려하여 개발되었다. 당사자 참여형 연구가 성공적으로 진행되기 위해 청소년들이 연구자로 활동할 수 있도록 뒷받침해 주는 교육과 트레이닝이 제공되어야 하며, 전문성이 있고 지속적으로 협력할 수 있는 퍼실리테이터로서 성인 연구자의 역할이 필요하다.[Anyon & Naughton, 2003; Power & Tiffany, 2006] 또한 다양한 구성원들이 안정적으로 참여할 수 있도록 하는 안정된 조직과 재원이 필요하며, 이들을 '연구원'으로 존중하고 권한을 이양할 수 있는 조직의 풍토 또한 중요하다고 역설하고 있다.

당사자 참여 연구로 자신의 길을 묻다: 10대 청소년 연구소

청소년들이 실행한 당사자 참여형 연구는 10대 당사자의 시각과

---

14. Public Health Institute, Network for a Healthy California.

목소리를 반영한 청소년 연구를 실행·축적하여 비청소년 관점 중심의 한계를 극복하고, 청소년의 삶의 구체적 맥락을 파악하는 데 기여할 수 있다. 이는 정책 개발에서 주체로서 청소년의 시각을 반영하는 기회로 작용할 수 있다. 특히 청소년 당사자가 자신들이 경험하는 문제를 정의하고 또래 청소년을 연구하는 과정은, 문제를 자신들만의 특수하고 개별적인 문제로 파악하기보다는 사회적으로 맥락을 만들고 더욱 넓은 차원에서 문제에 접근한다는 점에서 큰 의미가 있다. 이 과정에서 청소년의 구체적인 삶의 맥락과 그 의미를 파악하여, 실제로 청소년이 경험하는 정책 환경에 대한 '살아 있는 지식'을 축적할 수 있다는 점에 본 연구의 의미가 있다.

본 사업은 한국청소년정책연구원과 서울시립청소년직업체험센터(이하 하자센터)의 협약을 통해 2019년 2월부터 11월까지 진행한 「청소년 참여 10대 연구소 운영」 사업으로 추진되었다. 이를 통해 청소년들과 밀착되어 있는 일상적 삶의 의미를 탐색·분석하고, 청소년 스스로 당사자 문제를 같은 10대 청소년 내의 다른 시선에서 조망하여 다양한 청소년의 목소리를 들어 보며, 청소년의 삶과 의식을 좀 더 입체적으로 바라보고자 하였다. 그동안 천편일률적으로 운영되었던 형식적인 청소년 참여활동의 모형을 성찰하고, 당사자 중심의 시각에서 문제를 바라보고 해결할 수 있는 계기를 모색해 보고자 하였다.

이에 다음에 제시된 세 가지 주제인 학원 폭력, 페미니즘, 청소년의 우울감 문제는 현시대 청소년과 밀착되어 있는 일상적 삶의 중요한 부분으로 그 의미를 탐색하고, 해결안을 제안하고, 그 결과를 분석하게 함으로써 스스로 다양한 청소년의 목소리와 성향을 파악하도록 하였다. 아래 표에 청소년 참여 10대 연구소의 연구 주제 및 연구 내용이 제시되어 있다.

[표 8-1] 청소년 참여 10대 연구소 연구 주제

구분	1팀	2팀	3팀
연구 주제	• 불안으로 만들어진 생태계: 우리는 왜 학원을 계속 다닐까?	• 청소년은 왜 우울하다고 말 못 할까?: 나는 자격이 없다	• 10대 페미니스트로 산다는 것은: 침묵의 교실, 기울어진 중립
활동 조건 및 연구 내용	• 팀별 작업과 개인 작업 병행 • 주제, 연구 참여자의 상황에 따라 주중 및 주말 활동 • 인터뷰, 설문, 현장조사 참여관찰 실행	• 팀별 작업과 개인 작업 병행 • 주제, 연구 참여자의 상황에 따라 주중 및 주말 활동 • 인터뷰, 설문, 현장조사 참여관찰 실행	• 팀별 작업과 개인 작업 병행 • 주제, 연구 참여자의 상황에 따라 주중 및 주말 활동 • 인터뷰, 설문, 현장조사 참여관찰 실행
	• 서울·경기 지역에서 학원에 다니는 청소년을 대상으로 심층 면담과 설문을 진행하여 학원에서 일어나는 인권 침해 실태와 비인간적 경쟁을 요구하는 억압적 교육 방식에 대해 심층적으로 알아보고, 그럼에도 불구하고 청소년들이 학원을 다니는 이유를 어떻게 이해하는지 연구했다.	• 우울감을 경험하는 청소년과 그 부모, 형제, 교사 등을 대상으로 면담과 설문을 진행하여 청소년들이 경험하는 우울의 느낌과 이를 이해하고 표현하는 방식, 그리고 학교를 포함한 사회의 반응과 지원체계에 대해서 심층적으로 연구했다.	• 10대들의 페미니즘에 대한 인식 및 페미니스트로 자신을 정체화한 청소년들이 교실 안에서 어떻게 지내는지 알아보기 위하여 청소년에 대한 심층 면담, 설문을 진행했다.

연구 주제 1_ 우리는 왜 학원을 계속 다닐까?: 불안으로 만들어진 생태계

첫 번째 연구 주제는 〈불안으로 만들어진 생태계〉이다. 학원을 다니고 있는 청소년에 대한 연구로, 10대의 삶을 돌아봤을 때 삶에서 학원이 빠진 적이 없다고 할 만큼 학원은 그들의 삶과 밀접한 연관성이 있다. 조사 대상자는 16~19세의 학원에 다닌 적이 있거나, 학원에 다니고 있는 청소년 14명을 대상으로 4명의 연구원이 심층 인터뷰를 진행했다. 30분에서 1시간 이상씩 인터뷰를 했고, 온라인 설문조사는 16~19세 청소년 68명을 대상으로 진행했으며, 참여관찰은 학원과 과외, 학교 등에서 진행하며 기록했다.

첫 번째 연구 결과는 "학원, 고통의 공간"이라는 것이다.

"넌 지금 몇 등인데?" 학원을 다닌다는 것은 '넌 지금 몇 등인지' 끊임없이 묻는 것이라는 사실, 동네 학원 이름이 설연(서울대와 연세대의 줄임말)이라는 것을 통해 이들이 전하고자 하는 메시지를 분명하게 볼 수 있다는 것이다. 청소년들은 플래카드에 대해 어떻게 생각하고 있는지 살펴보았다.

> "플래카드 걸고 누구누구 이름 써 놓고 무슨 대학교 합격, 이렇게 써 놓고. 되게 대학 이름으로… 나를 평가하는 것 같아서… 부담? 부담으로 느껴지지. 나는 아직 대학에 안 갔으니까 내가 들어가면, 좋은 데를 들어가지 못하면 차라리 가지 말아야겠다 싶을 정도로, 좀… 내 수준이 그걸로 결정되는 것 같다는 느낌이 들었어." _지수(18세, 여)

> "영어 학원 쌤이 걔는 평소에 놀면서 하는데 시험만 보면 전교 1등이라는 거야. 솔직히 안 믿겼는데, 우리 플래카드 있거든? 거기에 일등에 막 땡땡땡 이렇게 있는 거야. 학원 앞에 막 100점 땡땡땡, 99점 땡땡땡 이렇게 나와 있어. 95점 이상." _미숙(17세, 여)

인터뷰한 청소년들은 플래카드에 나온 내용에 압박을 느끼고 있었으며, 대학 이름으로 자신을 평가하는 것 같아, 이름이 없는 대학이면 아예 가지를 말아야 하는 건 아닌가 하는 생각까지 들었다는 것이다.

고통의 공간으로서의 학원은 ① "학원이 가하는 고통, 감시: 네가 뭘 하는지, 다 알고 있어"로 출발한다. 청소년 당사자는 학원 교실에 들어가서, 학원 자습실에 들어가서, 학원 어느 곳에 있어도 감시당하고 있다. 걸어 다니기 힘들 정도로 비좁은 학원 자습실에 설치된 CCTV와 단어를 외우다 잠깐 폰을 봐도 감시하던 선생님이 휴대 전화를 뺏는다는 사실에 자유를 속박하는 공간으로 인식되고 있다.

② "학원이 가하는 고통, 폭언과 성차별: 성적만 오른다면 괜찮아"로 요약될 수 있다. 감시도 폭언도 폭력도 성차별도 성적만 오른다면 괜찮은 일이다. 성적을 올리기 위해 학원에 다니지만 성적만 오르면 된다는 생각에 학원에서는 폭언, 폭력들이 나타나고 있다. 민지는 숙제를 안 해 오면 "뒤지고 싶냐", "죽고 싶냐" 이런 말들을 항상 듣는다며, 본인의 수업을 잘 듣지 않으면 "귀는 달려 있는 거냐", "내 말 똑바로 이해하냐", "머리는 제대로 달려 있는 거냐"라는 폭언들을 듣기도 했다고 한다. 대학 입시를 준비하는 청소년들에게 "대학을 갈 수 있겠냐", "너 같은 애는 뽑지 않을 것이다", "이성적으로 인서울도 안 된다"라고 하는데, 이런 말은 청소년을 더욱 불안하게 만든다. 협박과 감시는 공부와 어울리지 않는 단어다. 게다가 학원에서 육체적 체벌도 일어나곤 하는데 성적만 오르면 '큰일'이 아닌 게 되어 버린다. 심지어 어느 부모는 직접 학원 선생님에게 "얘를 때려서든 어떻

게 해서든 공부 좀 시켜 달라"고 말했다고 한다. 이런 경우 학원에서의 폭행이 완전히 학원 선생의 의지라고 할 수만은 없지만, '인간 대접'을 안 해 줘도 성적만 오르면 된다는 믿음이 학원의 이와 같은 행태를 더욱 부추길 수 있다.

③ "학원이 가하는 고통: 청소년의 말을 들어 줄 사람이 있을까?" 학원에서 받는 청소년 친구들의 고통은 '어른들이 학생들의 말을 믿고 존중하지 않는다'와 '사실 당사자만큼 잘 알고 있지만 묵인하는 것'이다. 이런 상황이 반복되는데도 얘기하지도, 얘기할 수도 없다.

> "어떻게 대처를 해야 할지 모르겠어. 내가 이런 얘기를 한다고 잘 받아들여질까? 나는 아직 학생이고 나이도 어리잖아. 그니까 함부로 말도 못 하고, 말해도 누가 믿어 줄 사람이 있을까 싶기도 하고. 쌤들은 어른이다 보니까 약간 좀 말하기도 그럴 것 같아." _미숙(17세, 여)

> "찌를 수 있는 곳도 없고, 대처하는 것도 내가 아무리 뭐라 하고 끊어, 그럼 내가 다닐 학원이 없어. 한정되어 있어. 뭐라 막말하고 끊을 수도 없어." _보선(17세, 여)

두 번째는, 〈그럼에도 불구하고 학원에 다니는 이유는?〉이다. 이러한 일들이 학원에서 일어나고 있는데도 수많은 청소년이 학원으로 발걸음을 옮기는 이유가 무엇일까?

그 이유는 ① "학원, 안 다녀도 불안하고 다녀도 불안하다"이기 때문이다. “학원을 안 다니면 어떨 것 같나요?”라는 질문에 청소년들은 입을 모아 “불안할 것 같다”라고 대답했다. 내가 학원을 다니지 않을 때 다른 아이들은 학원에서 선생님과 공부를 한다고 생각하니 내가 뒤처질까 봐, 다른 아이들과의 거리가 벌어질까 봐 막연하게 불안하다는 것이다. 우리는 종종 친구를 경쟁자로 인식할 때가 있으며, 내 옆에 있는 친구와 달리기 경주를 하는 것처럼, 누군가에게 끊임없이 쫓기듯 살아간다는 느낌을 받고 있다고 한다. 나보다 높은 옆 사람을 뛰어넘기 위해, 다른 사람의 위로 오르기 위해 우리는 학원으로 향했지만, 학원에 다니고 있더라도 불안이라는 감정은 쉽사리 사라지지 않는다. 청소년들에게 “학원에 다니고 불안한 느낌이 사라졌습니까?”라고 물었을 때, 안타깝게도 70퍼센트에 가까운 학생들이 “아니다”라고 했다. 학원에서는 계속 다니게 하려고 다시 불안을 주입하고, 어느새 학원 없이 스스로 공부하는 것이 두려워진다. “학교 수업이 학원을 다니게끔 유도한다고 생각하십니까?”라는 질문에 무려 80퍼센트가 넘는 학생들이 “예”라고 대답했다. 선행이란 명목으로 학교가 아닌 학원에서 먼저 수업을 접하고, 학원을 그만 다닐 수도 없는 상황이 반복되는 것이다.

② “그럼에도 불구하고 학원에 다니는 이유: 무엇을 해야 하는지 모른다”이다. 학생들이 학원에서 고통을 받으면서도 학원을 끊지 못한 가장 큰 이유는 바로 ‘대학’이다. 학생들은 “인생을 사는 데 대학은 꼭 거쳐야 할 관문이야. 그래서 그럴 때 되게 불안해지는 것 같아”라고, “내가 뭘 하든 대학은 가야 하는구나, 성적은 안 되는데 대학은 가야 하는구나 하는 느낌이 들어서”라고 말한다.

③ "그럼에도 불구하고 학원에 다니는 이유: 무뎌짐"이다.

학원에서 이루어지는 체벌, 폭언 등을 조사하면서 발견한 흥미로운 사실은 청소년들은 학생이란 위치 때문에 자신의 의견이 전달이 안 된다고 생각하고, 그 때문에 '학원을 끊으면 되지 않나?'라는 질문에 끊지 못하는 이유를 '무뎌져서'라고 말한다. "저도 처음 학원에 갔을 때는 굉장히 놀랐었습니다. 저런 말을 듣는 것이 나만 불편한가 싶었지만 저 또한 한 주가 지나고 한 달이 지나고 점점 무뎌졌습니다."

이런 문제를 해결할 방법은 무엇일까. 결론적으로 청소년이 어른과 대화할 수 있고 친구들과 연결될 수 있는 제3의 공간이 필요하다는 것이다. 청소년들은 학교 수업시간에는 일방적으로 선생님 수업을 듣고, 쉬는 시간이나 점심시간에는 잠자기 바쁘고, 학원이 유일하게 소통하는 곳이라고 한다. 집에서는 가족들과 이야기할 기회도 적어 학원 선생님과의 대화가 어쩌면 어른과 대화할 수 있는 유일한 시간이기도 하다. 친구들과 이야기할 수 있는 시간 또한 학원이 좋아지게 된 이유 중 하나인 것이다. 그러므로 청소년들에게 필요한 것은 "어른과 대화할 수 있고 친구들과 연결될 수 있는 제3의 공간이 필요하다"이다.

연구 주제 2 _ 10대 페미니스트로 산다는 것은: 사라진 대화, 강요된 중립

두 번째 연구 주제는 〈10대 페미니스트로 산다는 것은〉이다. 페미니스트에 대한 혐오는 사회적 문제이면서 본 연구를 진행한 청소년 당사자의 문제이기도 하다. 지금까지 페미니스트에 대한 혐오를 직접

겪거나 보면서 살아왔고 반 친구들은 '페미'를 욕으로 쓰기도 한다. 내가 페미니스트라고 말하면 분위기가 싸해지고, 성차별처럼 잘못된 것에 의문을 제기하면 예민한 사람 취급을 당한다. 이에 10대 연구원들은 '왜 이렇게 페미니스트로 살기 힘들지?' 하는 의문이 들어 이 연구를 하게 되었다. 10대 연구소 학교 안 페미니스트 연구팀은 어떻게 페미니스트가 교실에서 살기 힘들어졌는지에 대해 사회적 맥락과 교실의 맥락을 자세히 알아보기 위해서 24명을 대상으로 심층 면담을 진행했으며, 16~19세 청소년 132명을 대상으로 설문조사를 했다.

조사 결과 페미니즘에 대해 제대로 아는 사람은 거의 없고, 부정적으로만 생각하면서 페미니즘은 안 좋은 것이라는 인식이 확산되었음을 알 수 있다. 64%의 청소년이 주로 SNS에서 페미니즘에 관한 정보를 접한다고 했다. SNS에서 자극적이고 정확하지 않은 정보로 페미니즘을 접하다 보니 부정적으로 인식하는 사람들이 점점 더 많아지게 된 것이다. "페미니스트 하면 떠오르는 것은?"이라는 질문에 대한 답을 워드클라우드로 나타낸 이미지는 [그림 8-1]과 같다.

성평등, 여성, 여자, 인권, 당당함, 성차별 같은 단어들이 눈에 띄는 왼쪽 그림은 여성 청소년의 답변이며, 남성 청소년의 답변인 오른쪽 그림에서는 메갈, 평등, 꼴페미, 남혐, 제발 같은 단어들을 확인할 수 있다. 성별에 따른 페미니스트에 대한 인식 차이가 극명하게 드러나고 있다. "교실에서 페미니즘 관련 이야기를 할 때, 대부분의 학생들 입장은?"이라는 질문에, 여학생의 25%가 대부분의 학생들이 부정적인 입장을 가지고 있다고 대답한 반면, 남학생은 그 비율이 75%로 세 배나 차이가 났다. 교실에서 분위기를 이끄는 권력을 가진 이들은

[그림 8-1] '페미니스트 하면 떠오르는 것'에 대한 남녀 청소년의 워드클라우드

주로 남성 무리이고, 그들은 대부분 페미니스트에 대해 부정적인 인식을 가지고 있다. 교실에서 분위기를 좌우할 수 있는 권력을 쥔 이들이 페미니스트에 대한 부정적인 분위기를 이끌어 교실 내 젠더 불평등을 형성하는 것이다. 즉 이러한 "불평등한 교실: 기울어진 중립"은 젠더 불평등의 교실에서 살아가며 알게 모르게 배척당하지 않는 법을 터득하면서 일상을 구속당하는 것이다. 이러한 분위기에 "침묵의 교실: 이야기 자체를 하지 못하는 교실"로 고착화된다.

서로의 생각에 대한 대화와 토론은 그 사람과 공간, 즉 우리 교실과 그 교실의 학생들을 안전한 사람과 공간으로 여길 때 가능하다. 이는 자신의 생각을 밝혔을 때 공격당하지 않고 배제당하지 않으리라는, 존중에 대한 믿음이 있어야 한다는 의미이기도 하다. 하지만 교실 안에서 서로의 이해를 기반으로 서로의 생각을 나누기보다 '페미냐'는 질문을 받거나 싸움으로 번지는 것이 더 익숙해져서 침묵의 공간으로 변질되고 마는 것이다.

그렇지만 "10대 페미니스트, 그럼에도 저항한다"에서는 불평등한 교실에서 말할 수 없는 교실에서 살면서도 서로의 생각 차이를 인정하고, 페미니스트와 관련된 주제에 대해 이야기 나누는 것을 지지하는 경향도 관찰되었다. '탈코(탈코르셋)'가 그중 하나였다. 페미니즘 의제 중에서 빠질 수 없는 '탈코르셋'은 사회가 원하는 여성의 모습을 거부하는 것으로 여성에 대한 고정관념을 뜻하는 '코르셋'과 이것을 벗어난다는 '탈'이 합쳐진 단어다. 10대 여성 청소년을 비롯해 여성의 사회적 기준에 문제의식을 느끼는 여성들이 탈코르셋 운동에 동참하고 있는데, 직접 만난 인터뷰 참가자들은 탈코르셋의 취지에 대해 '좋다'고 생각했다.

페미니즘에 관심을 가지면서 여성혐오와 사회를 변화시킬 수 있는 실천을 하는 것에 대해서도 동의가 있었다. 자신을 페미니스트라고 할 수 있는지 고민도 했지만 실제로 이렇게 생각하는 친구들이 많이 있었으며, 그럼에도 페미니스트들은 계속해서 저항해 나갈 것이라고 생각하는 이들이 많았다.

연구 주제 3_ 청소년은 왜 우울하다고 말 못 할까?: 나는 자격이 없다

세 번째 연구 주제는 〈청소년은 왜 우울하다고 말 못 할까?〉이다. 청소년이 경험하는 우울은 심각한 문제이며, 우울감 경험률은 비청소년에 비해 꾸준히 높은 수치를 보이고 있다.[15] 청소년 우울에 대한 사회적 이해나 시스템에 분명히 문제가 분명 있는 것 같다는 문제의

15. 최주연, "청소년 정신건강과 의료계 역할", 의학신문, 2019년 4월 8일 자.

식을 바탕으로 본 연구를 시작했다. 인터뷰와 설문을 연구 방법으로 선정했으며, 인터뷰에는 여자 청소년 22명, 남자 청소년 11명과 이들의 교사, 부모 7명으로 총 40명이 참여했다.

① "지금, 우울한 청소년들"에서는 "우울을 경험한 적이 있거나 경험하고 있는지? 그렇다면 그것은 어떤 느낌인지?"를 물었다. 내용을 종합하면, "우울할 때는 되게 뭐라 하지, 계속 가라앉는 느낌이야, 계속 가라앉다가, 언제쯤에는 뜨겠지 하고 생각을 하는데 계속 가라앉는 느낌. 그런 생각을 하는 와중에도 축 처지고, 아무것도 하기 싫고 그냥 아무것도 안 보여. 앞길이 너무 막막해. 그런 느낌이야"라며 대부분 우울감을 호소했다.

② "10대는 왜 우울한가?" 청소년이 우울하다고 하면 쉽게 '입시'와 '학업'을 그 이유로 떠올리지만, 이것만으로는 10대가 느끼는 우울감이 구체적으로 설명되지 않았다. "성적이 안 나오면, 미래가 안 좋을 것 같다"는 생각이 자동적으로 떠오르거나, "관계에서 오는 상실감, 관계 속에서의 거절감과 실패감이나 상처", "입시 자체가 내가 아닌 사람으로 만들어 버리는 느낌을 갖게 한다" 등의 답변이 관찰되었다.

③ "청소년들은 왜 우울감을 말 안 하나?"라는 질문에는 "우울한 상황이라면 말을 하고 빨리 해소했으면 좋겠죠?"라고 되묻고 싶지만 그럴 수 없었다. 우울감을 말하는 대신 청소년들은 "아예 티를 내지 않습니다", "웬만하면 안 드러내려고 하죠"라는 답이 돌아왔다. 내가 힘들 때 그걸 남들한테 얘기하면 그 사람들한테까지 피해를 주는 것이라는 생각, 내 약한 모습을 잘 안 보여 주려는 모습과 서로에 대해

서 지나치게 알게 되면 왠지 좀 피곤해질 것 같다는 의견이 관찰되었다. 청소년들은 우울감을 말하지 않고, 드러내지 않고 숨긴다. 우울한 청소년들은 어떻게 숨기고, 티를 내지 않을까? 그들은 "겉밝속울"을 한다고 이야기하는데, 이는 겉으로는 밝은 척하지만 속에는 우울하고 말 못 할 고민을 담고 있다는 것을 나타내는 말이다. 왜냐하면 말을 하는 순간 괜히 가정문제, 가정환경이 이상한 사람으로 찍히기 십상이기 때문이다. 그래서 "다시 혼자 수그러져 있고…", 우울감은 숨기고 '착한 애' 되기에 몰입한다. 즉 '착한 애'가 되어야 하는데, 우울함을 표현하지 않는 것을 '착한 애'라고 여기는 것이다.

그럼 우울함을 표현하면 '나쁜 애'일까? 청소년들은 자신의 우울감을 다른 사람들과 나누기 어렵다. 그것에는 '두려움'도 있다. 우울감에 대한 이야기를 꺼내지 못하는 마음속에는 청소년 사회에서 암묵적으로 지켜지는 대화의 기준을 맞추지 못하는 것에 대한 두려움, 사회부적응자나 주변에 피해를 주는 사람으로 인식되는 것에 대한 두려움, 또 '우울한 사람'이라는 꼬리표가 붙는 것에 대한 두려움 등 다양한 이유가 존재했다. 또 우울감을 말하는 것은 '갑분싸'에 해당한다는 생각도 했다. "분위기를 깨고 싶지 않아서"라는 것이다. 청소년 사회에는 웃으면서 하는 이야기, 가벼운 이야기만 허용되는 어떤 '분위기'가 형성되어 있으며, 우울한 청소년들은 함께 이야기를 나누던 친구들을 불편하게 하는 상황을 만들지 않기 위해 우울한 이야기를 피하게 된다는 것이다. 또한 많은 청소년이 시선의 두려움 때문에 우울한 이야기를 꺼낼 수 없다고 했다. 우울한 사람은 외톨이거나 실패자로 보여지기 때문이다. 우울한 사람은 주변에 피해를 준다

거나 사회부적응자라는 이미지를 갖고 있으며, 솔직한 마음은 약점이 된다고 여겼다. 이는 우울감이 단순히 개인이 느끼는 '감정'을 넘어서 청소년 사회에서의 '위치'에도 영향을 미친다는 것을 나타낸다. 우울감을 말하는 게 교실에서, 친구들과의 관계에서 내 위치를 위협할 수도 있다는 것이다.

④ 그런데 청소년은 왜 우울감을 말 못 하나? "우울감은 개인의 문제: 내가 혼자 해결할 일인데"라는 인식이 강하다. 즉 다른 사람의 도움을 기대하지 않는 것이다. 나를 돌볼 사람은 나밖에 없다고 생각하기 때문이다. "나는 우울할 자격이 없다"라고 말하는 청소년도 관찰된다. '내가 정말 우울하다고 말할 자격이 있을까?' 하는 의문이 든다고 한다. 자신의 우울을 이미 인지하고 있음에도 불구하고 자기에게는 자격이 없다고 생각하며 우울을 억누르는 청소년이 있을 수도 있다. 우울감을 말하지 않아야 한다고 생각하는 또 다른 이유는 '진짜 우울한 사람'의 기준이 따로 있기 때문이다.

그렇다면 청소년들이 말하는 '진짜 우울'은 무엇일까? 공통적인 내용은 '진짜 우울은 말하지 못한다는 것'이다. 진짜 우울한 게 아니니까, 진짜 힘들면 말하지 못하는 거니까 말하면 안 된다고 생각해서 결국 말하지 못하게 된다. 우울감을 말하지 못하는 게 진짜 우울이라면, 반대로 우울감을 말하면 어떤 사람일까? 청소년들은 이를 '관종'이라고 말했는데 이는 관심종자, 즉 관심을 받고 싶어 하는 사람을 뜻한다. 우울증이 있다는 사실을 밝힌 친구에게 동정심 받으려고 거짓말하는 거 아니냐고 말하는 청소년이 있는가 하면, SNS에 우울감을 표출하는 것을 보고 애정결핍증 같은 문제가 있을 거라고 말하는 청소년도 있다.

⑤ 사회적 이해와 시스템: 청소년들은 왜 이렇게 생각하고 행동하게 되었나? 청소년들은 자신의 경험에 상처를 받아서 숨기게 된 경우가 더 많았다. 사람들의 반응은 이 사회가 우울감을 어떻게 이해하는지를 보여 준다. 우울감에 대한 사회의 반응은 가혹하며, 직접적으로 공격하고 배척하는 반응들도 있었다. "악마가 씌인 것 같다"거나 "정신병원에 가둔다"와 같이 심각한 수준의 말도 들었다고 한다. "청소년의 우울감은 사춘기 때문일 뿐이다", "사춘기 때는 원래 그런 감정을 느끼는 거다"라며 그냥 무심하게 넘겨 버리기도 한다. 또 "고등학생은 원래 힘든 것이다"라는 말을 자주 한다. 청소년 우울감을 아름다운 성장통 정도로 생각하는 것이다.

무엇보다 학교가 청소년의 우울감을 대하는 방식에 문제가 있다. 청소년을 미숙하게 생각하는 건 학교 역시 마찬가지인데, 위클래스 내담 시 우울감을 경험한 청소년에게 "너의 잘못이 아닐까"라거나 "공부에 집중을 해 봐라"는 식으로 말하곤 한다. 그러니까 위클래스 상담이 도움이 될 거라고 기대하는 청소년은 그리 많지 않다. 정서검사도 상황은 크게 다르지 않다. 교육청에서는 중학교 1학년, 고등학교 1학년 청소년을 대상으로 정신건강을 확인하는 학생정서행동특성검사 때 사실대로 응답을 하면(고우울감), 학교 측에서 자체적으로 재검사를 받도록 한다. 우울 정도가 높게 나온 청소년을 위클래스로 불러 '정상' 상태가 나오도록 다시 검사를 시키는 것이다. 이런 식의 정서검사로는 우울한 청소년에게 도움을 주기 힘들 뿐만 아니라, 우울감을 겪고 있는 청소년을 골라내기조차 힘들다.

⑥ 체념과 존버(존나 버티기): 우울하다고 말 못 하는 청소년들의 생존 방식은? 우울감을 말했다가 좌절한 경험이 있거나, 상담을 받으러 갔다가 도움을 받지 못해서, 아니면 다른 사람이 해 줄 수 있는 게 없다고 생각해서 "항상 이렇지. 항상 이러니까. 이번에도 이렇겠지"라고 스스로 체념하고 고립된다. 우울한 생각이 계속 어두운 쪽으로만 떠올라서, 아예 생각을 안 하려고 한다는 답변도 있었다. 또한 게임으로 완벽하게 잊으려 한다는 의견도 있었다. 생각을 안 하는 방법으로는 누워 있는 방법인 버티기, "식물인간처럼 누워만 있어"라는 답변도 관찰되었다.

⑦ 결론은 "말 좀 하고 살자"이다. 우울을 말한 사람들의 이야기를 들어 보자. 사람들은 각자의 방식대로 살아남으려 애쓴다. '그럼에도 불구하고 우울을 말한 사람들'이 있다. 내 이야기가 다른 사람에게 말할 수 있는 기회가 되기를 바라기 때문이다. 청소년의 우울감을 '청소년기'의 문제로만 만들지 않는 것도 필요하다. 우울함은 누구나 겪을 수 있지만, 누구나 사라지는 건 아니기 때문이다. 주변의 청소년 혹은 친구가 우울하다는 말을 건넨다면, 단지 청소년이라서 사춘기라서 그렇다고 넘기지 말고 깊이 생각해 보자. 각자가 처한 우울한 상황은 너무 복잡하고 보이는 것이 다가 아니다. 그러므로 모르는 걸 인정하는 게 중요하고, 다 알지 못하므로 서로의 상황을 존중해야 한다.

앞으로의 희망 찾기

앞에서 살펴본 청소년 참여형 연구의 목표는 청소년 당사자의 경험을 스스로 정의하고 사회과학적 지식으로 구성하여 청소년정책 의제로 발전시킴으로써, 청소년 중심 정책 개발의 주체로서 청소년의 권한을 강화하고 청소년의 참여를 증진하는 것이다. 청소년 참여 연구라는 특수성을 기반으로 한 이 활동은 이론에 대한 타당성이나 경험적 증거를 찾는 것을 목적으로 한 순수 연구라기보다는 어떠한 이론에 근거하지 않고 실생활의 문제점 해결에 초점이 맞추어져 이에 대한 지식 습득을 목적으로 수행되는 응용연구가 많을 것이라 판단된다. 앞으로 본 참여 연구 활동의 활성화를 통해 청소년 참여활동이 기여할 수 있는 방안을 제시하는 것도 의미 있을 것이다.

첫째, 상호 평등하고 안전한 활동 환경을 조성해야 한다. 청소년 참여 연구가 가능하기 위해서는 청소년을 존중하는 평등한 환경 조성이 무엇보다도 필수적이다. 이번 연구에서 적용한 것처럼 참여자들의 직책이나 직급, 나이와 학력 등을 공개하지 않고 서로를 이해하는 청소년들 간의 평등한 문화 조성이 전제되어야 한다. 또한 자신의 문제를 심도 있게 탐색하기 위해서는 자기 생각을 솔직하고 풍부하게 토론할 수 있는 안전한 공간이 만들어져야 한다.

둘째, 청소년 참여형 연구 목표의 명료화 과정이 필요하다. 청소년 참여형 연구는 연구 대상으로 존재하던 청소년의 위상을 연구자로 격상시킴으로써 기존의 연구자-연구 대상 구별과 권력 위계를 허무는 시도로 추진되었다. 이를 통해서 청소년 당사자의 경험과 연구를 통해 가장 실효성 있는 연구 결과를 도출하여 활용함으로써, 청소년의 권한과 주체성을 제고하는 것이 핵심적인 목표였다. 그것은 청소년 당사자 연구 결과 활용을 통해 사회적인 의미 또는 학문적 의미를 추구하는 것이어야 한다. 즉 당사자 연구 결과가 청소년에 대한 지식의 축적에 기여, 연구 결과에 따른 사회적 공론화, 정책 의제화 등 여러 분야에 의미 있게 활용되어야 할 것이다.

셋째, 지도 방식이 아닌 자기주도성을 배우는 과정으로서의 연구 지원이 필요하다. 프로젝트 방식의 연구 활동이라는 점에서 청소년들이 본 활동을 통해 스스로 선택하고 결정하는 자기결정의 원칙을 배우고, 개인차나 개성을 존중하고, 유연한 발상과 대담한 궁리를 해볼 수 있다는 점에서 구체적인 역할을 통해 여러 가지 힘을 지닐 수 있다.

넷째, 청소년 당사자 연구 지원사업 운영의 확장성 제고가 요구된다. 청소년의 당사자 연구 활동에 대한 공모사업을 시행함으로써 청소년시설 및 학교 등에서 청소년 참여형 연구 활동을 촉진할 수 있을 것이다.

다섯째, 지역사회 개발의 방식을 배우는 활동 지원이 요구된다. 본 활동을 통해 문제 해결 및 청소년의 주도적 참여에 중점을 둔 청소년 활동 사업 운영 모델을 개발하고 청소년 역량 강화 중심 청소년 활동 활성화 방안을 모색하기 위해서는 지역사회 개발의 방식을 배우는 과정들도 활용해야 한다. 그러면 청소년이 자기 삶 속의 다양한 문제들을 찾아내고 생활의 개선을 위해 다양한 방식으로 논의하는 수준까지 진행될 수 있으리라고 판단된다.

마지막으로, 청소년참여기구의 연구 활동 지원이 필요하다. 청소년 당사자 연구의 결과를 청소년참여기구를 통해 정책 의제화하거나 사회적으로 공론화함으로써 연구 결과 활용의 실효성을 높일 수 있고, 동시에 청소년운영위원회나 청소년참여위원회 등 청소년정책 참여의 질적인 수준을 높일 수 있을 것이다. 이는 국가 청소년정책에서 데이터 기반Data-Based 또는 연구 기반Research-Based 정책이 강조되는 것과 마찬가지로 청소년참여기구의 활동에서 당사자 연구 결과를 활용함으로써 청소년 참여활동의 질적 개선을 도모할 수 있을 것이다.

9장
청소년, 기후위기 해결의 주체가 되다

황세영 · 최정원 · 이윤주

들어가며

최근 기후위기 대응의 문제가 국가적 당면 목표로 떠오르면서 사회적 관심이 높아지고 있다. 그레타 툰베리로 대표되는 전 세계 청소년들은 학교 결석시위와 미래를 위한 금요일 해시태그 운동을 통해 기후위기 운동의 주체로 등장하였고, 2020년 유엔기후변화협약 52차 회의에서도 이를 주목한 바 있다. 청소년들의 적극적인 참여와 행동 확산은 기후위기를 먼 미래에 생길 수 있는 막연한 문제가 아니라 자신이 살아갈 세계에 닥칠 현실적인 문제로 인식하고 있음을 보여 준다. 우리나라 청소년들 역시 학교 결석시위 등 다양한 방식으로 기후위기 대응에 대한 목소리를 높여 왔다. 2020년 우리나라에서도 청소년기후행동 소송단이 정부의 대응으로는 전 세계 기온 상승을 2050년까지 1.5℃까지 억제하자는 파리기후협약을 이행하는 데 실패할 것이고, 이는 미래 세대의 기본권을 침해하는 일이라며 헌법소원을 청구하였다. 이처럼 청소년들이 기후위기 문제를 자기의 문제로 인식하고 직접적인 행동의 주체로 나선 것은 더 이상 '미래 세대'로서 교육의 대상으로 갇히지 않고 현재를 살아가는 시민으로서 새로운 정체성을 스스로 구성하고 있음을 보여 준다.

왜 모였나?

2021년 5월 22일 서울 선유도 공원에서 진행된 '2021 Youth Voice Festa for P4G'(이하 페스타)는 5월 30일부터 31일까지 서울에서 열린 '2021 P4G 서울 정상회의'를 기념하기 위해 기획된 청소년 주도의 기후행동이자 권리 선언이었다.

이번 서울 회의는 제2차 P4G 정상회의다. 제1차 P4G 정상회의는 2018년 10월 19일부터 20일까지 덴마크 코펜하겐에서 개최되었다. P4G는 'Partnering for Green Growth and the Global Goals 2030'의 약자로 녹색 성장과 2030 글로벌 목표 달성을 위한 국제 협의체다. 이 협의체에는 비단 정부뿐만 아니라 국제기구, 기업, 시민사회 등 다양한 주체가 파트너로 참여하며, 이들은 2015년 유엔에서 채택된 지속가능발전목표SDGs: Sustainable Development Goals 중 기후변화 대응과 관련이 있는 식량, 농업, 물, 에너지, 도시, 순환경제 등의 5개 분야에 대한 해결책을 함께 개발하고 이를 개도국에 제공하는 것을 목표로 한다.[16]

---

16. 한눈에 보는 P4G(브로슈어). https://2021p4g-seoulsummit.kr/resource/etc/web/viewer3.html에서 2021. 8. 30. 인출.

특히 서울 정상회의는 한국에서 개최된 최초의 환경 분야 정상회의로 중요한 상징성을 갖는데, 청소년이 주도하는 기후행동과 권리 선언의 장이 된 이번 페스타는 그 상징성을 더욱 빛냈다. 페스타에는 국내 참가자 50명과 일본, 케냐, 베트남, 몽골, 인도, 마다가스카르, 대만 등의 해외 참가자 48명 등 총 100명 안팎의 국내외 청소년이 함께하였다. '청소년의 목소리가 모두의 행동으로'라는 제목으로 기후위기에 대한 미래 세대의 문제의식과 위기 극복을 위한 모두의 각성과 행동 변화를 촉구하는 목소리를 천명하였다.

어떻게 준비하였나?

이처럼 페스타가 미래 세대의 기후행동이자 권리 선언의 장으로 거듭나기까지 참가자들은 60여 일간의 녹록지 않은 준비 과정을 함께하였다. 2021년 4월 3일 온라인 발대식을 시작으로 참가자들은 국제 청소년 포럼과 페스타 기획부터 기후위기에 대한 미래 세대의 권리 선언을 위해 자신들이 활동하고 있는 기후환경 동아리를 주축으로 삼아 공동의 목표 달성을 위한 움직임을 시작하였다.

청소년 활동은 크게 세 개의 팀으로 운영되었다. 청소년 주도의 포럼 및 페스타 기획, 홍보, 그리고 선언문 작성 등으로 구분해 팀별 활동을 시작하였다. 전국 각지의 청소년들과 국외 청소년들이 하나의 팀을 이루어 활동하는 과정에서 다소 어려움도 있었지만 다양한 온라인 플랫폼을 활용해 서로의 생각을 나누고 그것을 통해 기후환경 변화를 위한 목소리를 내기 위해 노력하였다.

전문가들과 함께 기후환경 변화에 따른 전문지식을 학습하는 기회도 있었다. 활동 기간 국립생태원이 지원하는 온라인 교육에 참여해 기후위기와 생태계에 대한 강의와 영상을 통해 생태원을 알아보는 시간도 가졌다. 또한 환경법 전문 변호사와 함께 국제 환경법 관련 이슈를 중심으로 사례를 접하면서 국내외 환경 이슈에 대해서 견문을 넓힐 수 있었다.

청소년들은 자신이 속한 팀을 중심으로 기후환경에 대한 목소리를 모으기 위한 노력을 하였다. 목소리 페스타에 앞서 4월 24일 온라인 국제 청소년 포럼을 개최해 그간의 활동 경과를 공유하며 미래세대의 권리 선언을 위한 선언문 작성에 대한 의견을 교환하였다. 온라인 국제 청소년 포럼 이후, 국내외 참가자들은 페이스북Facebook, 인스타그램Instagram, 구글 클래스룸Google Classroom 등과 같은 온라인 플랫폼을 이용해 더욱 자유롭고 적극적으로 자신들의 활동 성과와 선언문에 대한 의견을 공유하였다. 활동에 참여한 100여 명의 청소년은 국내외 기후환경 운동에 관심 있는 청소년들에게 이번 행사를 홍보하기 위해 직접 활동 영상을 만들어 소셜 미디어에 올리고, 이벤트 활동을 직접 진행함으로써 청소년이 주도하는 페스타를 만들어 갔다.

무엇을 이뤘나?

5월 12일 마침내 선언문이 완성됐다. 완성된 선언문은 한국어, 영어, 일본어, 베트남어 4개 국어로 번역돼 국내외 참가자들에게 공유되었고 22일 페스타 당일에는 모든 참가자가 이어 읽기 방식으로 선언문을 낭독하였다. 이 모습은 유튜브를 통해 생중계되었다.

이와 더불어 청와대 시민사회수석, 교육부 차관, 여성가족부 차관이 직접 행사장을 방문해 기후위기에 대한 미래 세대의 문제의식과 목소리에 화답하는 시간을 가졌다. 미래 세대와 기성세대 간의 만남은 이번 활동의 모토 가운데 하나인 변화의 시작을 이끌어 냈다. 적어도 페스타에 참여한 청소년들과 정부 관계자 간의 대화는 상투적인 축언이나 전시 행정의 목적이 아니라 기후변화라는 전 지구적 위협에 대한 미래 세대의 문제의식을 지금의 정부와 기성세대가 인정하고 문제 해소를 위해 노력하겠다는 의지를 담고 있었다는 점에서 의의를 지닌다.

● 소감문

한국청소년정책연구원의 Youth Voice Festa는 저희가 생태환경 동아리에 들어와서 처음으로 해 본 P4G 관련 활동이었습니다. 처음에는 환경 활동을 하는 동아리를 소개하기 위한 영상을 찍어서 보내는 것으로만 생각하고 지원하였는데 60여 일간 국내외 친구들과 함께 활동하면서 지구에 대한 관심이 더욱 높아졌습니다.

특히, 5월 29일에 열렸던 미래 세대 특별 세션에서 동아리 활동을 소개하고 다른 국가 청소년들의 활동을 함께 공유했던 경험을 통해 환경을 정말 생각하게 되고 환경문제를 해결하기 위해서는 실천이 중요하다는 것을 잘 알 수 있는 기회였습니다. 더불어 우리가 학교에서 하는 생태환경 활동들을 소개하고 우리와 비슷한 활동을 하는 국내외 친구들을 만난다는 것이 매우 설레고 즐거웠습니다.

또한 다른 국가, 지역에서 활동하는 청소년·청년분들의 발표를 들으면서 함께 할 수 있는 일들이 많이 있겠다는 생각이 들어서 유익하고 흥미로웠습니다. 물론 국제 행사 때 영어로 진행되어 이해하는 데 어렵기도 하였지만 발표 사진이나 발표자들의 표정, 몸짓만을 통해서도 해외 친구들이 지구 환경을 위해서 많은 아이디어를 가지고 있고 다양한 활동을 준비하고 있다는 것을 알게 되었습니다.

이번 기회를 통해서 환경과 기후변화에 대해서 더 많은 관심을 가지게 되었고, 우리 학교, 지역 친구들뿐 아니라 기후환경 운동을 함께 할 수 있는 사람들이 많다는 것에 큰 힘을 가질 수 있었습니다. 한편으로 해외 친구들과 소통하기 위해서는 영어를 잘해야겠다는 생각도 들었습니다.

P4G 페스타를 경험하면서 위인전과 뉴스에서만 뵙던 반기문 사무총장님을 직접 뵐 수 있었던 점도 앞으로 기후환경 활동을 더 열심히 꾸준하게 해야겠다는 동기 부여가 되었습니다. 무엇보다도 기후환경에 대해 더 많이 알아 갈 수

있었고, 다른 행사처럼 가만히 듣기만 하는 것이 아니라 우리의 목소리를 직접 내고 함께 나누면서 즐거운 경험을 할 수 있어 유익한 시간이었습니다.

_제주 효돈중학교 제주바람 정근효, 서예나, 김연주, 김지민

페스타를 마친 후 일부 참가자들은 P4G 서울 정상회의의 사전 행사로 5월 29일에 열린 GYCC Global Youth Climate Challenges 2021에도 참여해 지난 60여 일간 자신들이 페스타 활동을 만들어 간 과정을 소개하였다. 특히 이들은 케냐, 일본(오키나와), 베트남, 한국(제주)에서 기후환경 운동을 하는 청소년을 소개하면서 청소년이 결코 미래 세대로서만이 아니라 기성세대와 함께 지금의 문제적 현실을 극복해야 하는 동등한 주체임을 각인시켰다.

미래 세대의 문제의식, 연대와 협력으로 나아가다[17]

이번 청소년 목소리 페스타는 기성세대가 초래한 기후변화의 피해를 고스란히 떠안게 될 미래 세대가 스스로 문제의식을 가지고 자신들의 상실된 권리를 되찾기 위해 기획한 참여의 장이자 심각한 기후위기 앞에서 허울뿐인 약속만 반복한 채 행동과 실천을 미루는 기성

---

17. 일부 내용은 다음에서 참고하였다. 황세영·이윤주·최정원·김현철(2021), 「청소년 기후행동을 통한 환경교육의 확장 탐색: 2021 서울녹색미래정상회의 청소년 목소리 페스타 사례」, 2021년 상반기 환경교육학회 학술대회 자료집.

세대에게 울리는 경종이기도 했다.

선언문에 드러난 청소년 목소리는 몇 가지 특징이 있다.

첫째, 기후생태위기의 다양한 현상을 청소년들의 관점에서 진단한다. 온실가스 배출로 인한 지구 온난화와 기후변화 현상을 단순히 바라보기보다 축산업의 문제, 이상기후로 인해 더 많은 피해를 보는 국가들의 문제 등 다양한 관점에서 문제를 해결해야 한다는 것을 알고 있다.

둘째, 사회 모든 영역에서 변화를 촉구한다. 정부는 목표만 세우지 말고 구체적인 실천 계획을 세워야 한다고 말하고, 기업의 변화도 대기업과 중소기업 모두를 아우르며, 소비자의 행동도 강조한다. 기후위기의 진실을 알려야 하는 언론의 역할도 빠지지 않는다.

셋째, 청소년들 스스로의 역할과 책임을 강조한다. 작은 실천 노력과 배움 등 청소년들 스스로 먼저 나서겠다고 약속한다.

마지막으로, 가장 중요한 것은 청소년들은 미래가 없다고 말한다는 점이다. 청소년들은 더 이상 어른들이 규정하는 '미래 세대'로 스스로를 가두지 않는다. 거창한 명분이 아니라 지금 행동하지 않으면 미래는 없기에 생존을 위해 지금 목소리를 낸다고 말한다.

이번 경험을 통해 청소년들은 기존에 해 왔던 활동들의 한계를 벗어나 연대와 협력으로 나아가는 계기를 마련할 수 있었다. 청소년들은 그동안 동아리 활동 등을 통해 다양한 방식으로 친환경적 행동을 실천하는 데 참여해 왔지만, 주변 친구들이나 학교의 무관심에 실망하거나 무기력함을 느끼고 있었다. 이번 페스타 참여는 청소년들이 더 이상의 행동이 어떤 의미가 있을지 막막한 상황에서 돌파구를 마련하기 위한 기제로 작용할 수 있었다. 또한 기후위기 극복을 위해 다양한 실천 요구와 다짐을 담은 선언문 작업은 청소년들이 하나의 목소리를 내는 경험을 함으로써 사회에서 청소년의 목소리가 지닌 가치를 스스로 되새기는 기회가 되었다. 이러한 연대와 협력의 경험은 청소년 행동의 의미를 환경보존 실천과 같은 개인의 영역에 가두지 않고, 사회에서의 영향력을 지닌 주체로서 어떻게 하면 청소년들이 역량을 쌓는 데 도움이 될 수 있는지 고민해야 한다는 것을 보여 준다.

또한 청소년 선언문과 한국 정부와의 대화를 통해 청소년들은 기후생태위기에 대해 충분히 타당한 목소리를 낼 수 있다는 것을 보여주었다. 청소년들의 요구는 어른들에 비해 미숙하거나 타당성이 결여된 의견이 아니라 그 자체로 존중되어야 하고 응답해야 할 가치가 있는 것이었다. 물론 선언문에 모든 문제를 깊이 있게 다루지는 못했고, 이들의 요구 모두가 바로 현실에 적용 가능한 것도 아니다. 그러나 청소년들은 기후생태 문제가 바로 청소년들 자신의 문제라는 주체의식과 문제를 해결하는 데 필요한 다양한 해법들을 스스로 탐색할 수 있는 역량을 보여 주었다. 따라서 청소년들이 사회에 문제를 제기하고 해결을 요구하며, 해결에 참여하는 방식으로 청소년들과 함께 하는 활동들을 설계해 나갈 필요가 있다.

비록 시간과 환경의 제약이 있었지만 국내 청소년과 해외 청소년 간의 교류 경험은 지구생태시민으로서 청소년의 역할과 책임을 확인하는 계기가 되었다. 다른 나라의 환경문제와 기후위기에 대한 학습과 교류를 통해 청소년 선언문의 내용이 더욱 풍성해질 수 있었다.

코로나19로 인해 청소년 국제 교류 활동이 대부분 비대면으로 진행되는 상황에서 기후위기와 같은 청소년의 공통적인 관심사를 주제로 한 국제 교류 프로그램의 기획이 더 많이 이루어진다면 국제 교류와 디지털 기반 청소년 활동의 가능성이 확대될 수 있을 것이다.

부록 | 2021 P4G 청소년 선언문

“청소년의 목소리가 모두의 행동으로”

[인트로] “여기 모인 우리는 누구인가”

2021년 5월 22일 우리는 오늘 기후생태위기에 대한 우리 청소년의 목소리를 전달하기 위해 이곳에 모였습니다. 우리는 대한민국을 비롯한 베트남, 케냐, 일본, 인도, 마다가스카르, 대만, 아이티, 멕시코 등, 전 세계 9개국에서 모인 95명의 청소년입니다.

우리는 그동안 각자 학교와 우리가 살고 있는 지역에서 기후환경활동을 해 온 경험을 토대로 우리 청소년이 가진 의지와 목소리의 힘을 모으고자 하였습니다.

5월 30일에 서울에서 개최되는 P4G 정상회의는 새롭고 커다란 변화를 이끌어 내는 계기가 되어야 합니다. 우리의 요구와 목소리가 전달되어, 전 세계에 기후생태위기를 극복하기 위한 행동과 협력이 확대되길 희망합니다.

[문제의식] “우리는 왜 목소리를 내는가”

기후와 생태 위기는 먼 미래의 일이 아니라 지금 우리가 심각하게 고민해야 하는 문제입니다. 북극곰과 산호초만의 문제도, 몇몇 멸종 위기종만의 문제도 아닙니다. 우리 모두의 삶과 생명의 문제입니다. 지구가 죽어 간다면 우리 청소년들이 가진 꿈을 펼칠 미래도 빼앗기는 것입니다.

하지만 우리 청소년들의 목소리는 큰 영향을 미치지 못하고 있습니다. 더 많은 사람들이 깨달아야 하고 더 많은 정책이 바뀌기를 바라며, 여기에 우리의 목소리를 모았습니다.

[문제점] "무엇이 문제인가"

우리가 먹는 소고기를 생산하는 데 너무 많은 곡물이 소비되고, 가축이 내뿜는 메탄가스가 지구 온난화를 가속화시키고 있습니다. 누군가는 해수면 상승으로 삶이 위협당하고 있습니다. 폭염, 가뭄, 홍수와 같은 이상기후는 우리의 일상이 되어 버렸습니다.

이상기후는 가뜩이나 식수가 부족한 나라에 더 큰 고통을 줍니다. 이대로 가다가는 완전히 다른 기후로 변하게 될까 불안감이 듭니다.

토양오염, 수질오염, 화학물질로 인해 우리의 먹거리가 위협받고 있습니다. 과도한 개발로 인한 사막화와 대기 오염 문제도 심각합니다. 세계 많은 곳에서는 아직도 식량이 부족한데, 다른 곳에서는 많은 사람들이 비만으로 고통받고 있습니다. 원자력 발전소의 위험성도 심각합니다.

사람들은 기후변화가 문제라고 하면서도 행동과 실천에 나서지 않습니다. 주변과 사회 전체의 무관심 때문에, 무언가 해 보려고 하는 우리 마음이 다치기도 하고 무력감이 느껴질 때도 있습니다.

또 아직도 많은 사람들이 기후위기와 환경문제에 대해 둔감하고, 무엇이 문제인지조차 깨닫지 못하고 있습니다. 과학기술과 편리함에 익숙해진 채, 자연을 존중하는 마음은 우리의 욕심에 가려져 버렸습니다.

[행동] "무엇을 어떻게 해야 하는가"

지금이라도 우리는 행동에 나서야 합니다. 지구의 위기를 막기 위해 우리는 정부, 기업, 그리고 모두에게 다음과 같이 행동하고 실천할 것을 요구합니다.

첫째, 기후위기, 생물다양성 파괴, 식량 문제 등으로 어두운 미래를 분명히 인식해야 합니다. 문제를 제대로 해결하기 위해서는 자연환경, 사회정의, 빈곤, 경제 등 우리 삶의 모든 것들에 관심을 가져야 합니다.

둘째, 정부와 정치인들은 더 강력한 목표를 세워야 하고, 목표만 세울 것이 아니라 강력한 실천이 뒤따라야 합니다. 여러 나라들이 온실가스 감축 목표를 발표하고 있지만 당장 가까운 미래에 무엇을 달성할 수 있을지 제대로 알기 어렵습니다. 재생에너지로의 전환, 온실가스 감축 목표 상향, 전기 사용 감축, 지속가능한 농업 등, 구체적인 약속을 정하고 제대로 지켜 가야 합니다. 또한 더 많은 국가들이 녹색 정책을 펼칠 수 있도록 국제적인 협력과 약속이 더 많이 이루어져야 합니다.

셋째, 기업들은 환경문제에 대해 지금보다 더 많은 책임을 져야 합니다. 기업들은 재활용이 더 잘될 수 있는 제품을 생산하고, 재생에

너지에 더 많이 투자해야 합니다. 지속가능한 소비가 기업의 이윤과 연결될 수 있도록 더 고민해야 합니다. 또한 대기업뿐만 아니라 작은 기업에서도 실천이 이루어져야 하고, 정부는 이들 기업 활동을 적극 지원해야 합니다. 소비자들은 기업을 감시하며, 동시에 지구를 생각하는 소비에 동참해야 할 의무가 있습니다.

넷째, 청소년들의 행동을 지원하고 청소년들의 목소리에 귀를 기울여야 합니다. 우리 청소년들은 주변의 문제에 관심을 가지고 스스로 해결해 나갈 수 있는 능력이 있습니다. 기후환경 정책을 만들 때 우리 청소년들의 의견도 반영해 주길 바랍니다.

다섯째, 단순 지식 전달이 아닌 보다 실효성 있는 환경교육이 필요합니다. 학교뿐 아니라 지역의 기관과 단체들에서 환경교육이 활성화되어야 합니다. 모범적인 청소년 동아리 활동 사례를 많이 만들고 널리 알리는 데도 지원을 해 주기 바랍니다.

여섯째, 더 많은 사람들의 공감과 참여가 필요합니다. 나 하나쯤은 안 해도 되겠지라는 생각을 버리고 모두가 변화에 동참해야 합니다. 언론은 기후위기에 대한 사실을 제대로 보도하여 시민들의 관심을 높이고, 정부 역시 친환경 캠페인을 통해 사람들의 행동 변화를 이끌어 내야 합니다.

마지막으로, 지금 우리부터 실천하겠습니다. 자전거로 등교하기, 플라스틱 뚜껑 모아 재활용하기, 에코백에 물건 담기, 유리병 제품 사용하기 등, 작은 실천부터 시작하겠습니다. 화석연료를 쓰지 않는 에너지 자립 훈련, 일주일에 하루 채식의 날 실천, 올바른 재활용 방식 배우기, 미니멀 라이프 등, 우리의 생활 습관을 바꾸기 위해 배우고 노력하겠습니다. 내가 살고 있는 지역의 생태계를 보전하고 지속 가능한 소비 생활이 이루어지도록 노력하겠습니다.

[결론] "우리의 목소리가 모두의 행동으로"

어른들은 이 세상을 알아 가기에도 바쁜 우리 청소년들이 왜 나서는지 묻습니다. 우리는 이렇게 답하겠습니다. 기후생태위기의 모든 피해는 우리 세대가 겪어야 할 가까운 미래이기 때문입니다. 우리는 살기 위해 행동에 나서는 것입니다.

이제 우리의 목소리에 어른들이 응답해야 합니다. 이 목소리를 듣고 많은 사람들이 심각성을 깨닫고 작은 것부터 실천하길 바랍니다. 정부와 기업에서는 환경을 위한 정책을 강화하고, 환경을 위한 실천이 확산될 수 있도록 지원해야 합니다. 동시에, 우리 청소년들 또한 공동체 구성원으로서 우리가 할 수 있는 것을 해야 할 것입니다. 우리는 다 함께 움직여 살기 좋은 지구를 만들어야 합니다. 우리에게 미래는 없습니다. 지금 다 같이 행동하지 않는다면.

참고문헌

1부 청소년 참여의 발자취 그리고 미래

1장 18세 청소년, 첫 투표권을 행사하다

김요섭 외(2020). 학생자치, 학생주권시대를 열다. 서울: 테크빌교육.

김효연(2018). 시민의 확장. 서울: 스리체어스.

서울특별시교육청·서울특별시교육청교육연구정보원(2020). 18세 선거권 시대의 교육적 의의와 과제 세미나 자료집.

송수환(2016). 공직선거법상 미래 유권자의 선거 참여 도입 방안: 캐나다의 학생 투표 사례를 중심으로. 고려법학, 80호, 1-38.

이혜숙·이영주(2017). 서울시 청소년 참여활성화방안. 서울: 서울연구원.

진선미의원실·한국청소년정책연구원·선거연수원·한국사회과교육학회(2020). 18세 선거권 이후 청소년정치교육의 방향 및 과제 포럼 자료집.

청소년자치연구소(2020. 5). 청소년이 상상하는 행복한 대한민국. 군산: 청소년자치연구소.

한국청소년정책연구원(2020). 선거법개정에 따른 청소년정책 및 활동지원 방안 연구. 세종: 한국청소년정책연구원.

강재구(2020. 3. 30). "18살 투표권 주어졌지만… 중·고교 절반 이상이 정치활동 제한". 한겨레. http://www.hani.co.kr/arti/society/society_general/934786.html(검색: 2020. 5. 25).

박준석(2020. 11. 22). "[단독] 4·15 총선, 60대 투표율 80% 찍고도 '보수정당' 완패했다". 한국일보. https://www.hankookilbo.com/News/Read/A2020112016550001682?did=NA(검색: 2020. 12. 31).

에듀동아(2020. 3. 17). "청소년 '지역 위해 일해 온 후보자에게 투표할 것'… 국회의원 수는 줄여야". http://edu.donga.com/?p=article&ps=view&at_no=20200317092101577631(검색: 2020. 3. 18).

중앙선거관리위원회 보도자료(2016. 7. 4). 제20대 국회의원선거 투표율 분석 결과 공개.

중앙선거관리위원회 보도자료(2020. 2. 6). 중앙선관위, 청소년 대상 모의투표 가능 여부 결정.

2장 청소년의 목소리, 정치의 길을 열다

김영지(2000). 청소년 웹진 활용의 실태와 의미에 관한 연구. 서울: 한국청소년개발원.

김호기(2008. 5. 14). "쌍방향 소통 '2.0 세대'". 한겨레 기고문.

남미자·김영미·손어진·장아름(2019). 민주주의 실현 조건으로서 청소년 정치참여 확대 방안. 수원: 경기도교육연구원.

배규한·이창호(2008). 청소년의 세대 특성 및 세대 간 소통 방식에 관한 연구: 2008년 촛불집회를 중심으로. 서울: 한국청소년정책연구원.

이종희(2021). '청소년 정치참여 현안 과제 및 활성화 방안 모색' 토론문. 강민정의원실, 한국청소년정책연구원, 선거연수원 주최 '청소년 정치참여 현안 과제 및 활성화 방안 모색' 포럼 자료집.

이창호(2017). 고등학생들의 정치참여 욕구 및 실태 연구. 세종: 한국청소년정책연구원.

정혜원(2006). 청소년 사회참여의 과정과 형식에 관한 일 연구: 맥아담의 '인지적 해방과 운동문화'를 중심으로. 청소년학연구, 제13권 5-1호, 155-186.

최호택·류상일(2008). 청소년 정치·행정요인과 정치·행정의식 수준 간의 관계-대전지역 고등학생을 중심으로. 한국콘텐츠학회논문지, 8(5), 207-214.

홍일표(2005). 인터넷과 시민운동. 이종구·조형제·정준영 외 지음. 정보사회의 이해. 서울: 미래 M&B, 287-309.

3장 세상을 바꾸는 작은 힘, 청소년 참여의 모델과 방향에 대하여

민주화운동기념사업회(2015). 프로젝트 시티즌 교사용 지도서: 레벨Ⅰ-Ⅱ. 서울: 민주화운동기념사업회.

민주화운동기념사업회(2016). 청소년 사회참여 안내서: 참여하는 청소년, 세상을 바꾸다. 서울: 민주화운동기념사업회.

아쇼카한국(2017). 청소년 체인지메이커들의 모험을 위한 가이드북: 안내자용. 서울: 아쇼카한국.

이주호·김태완·백혜리(2016). 교육개혁과 프로젝트 학습. 이주호 편(2016). 프로젝트 학습을 통한 교육개혁. KDI 연구보고서, 11-60. 세종: 한국개발연구원.

한국청소년정책연구원(2017). 청소년 지역사회 참여 모형개발 연구. 세종: 한국청소년정책연구원.

4장 청소년참여기구, 새로운 길을 모색하다

군산시(2017). 아동권리 향상 및 정책 참여 활성화를 위한 어린이 청소년의회 운영계획. 군산시 내부 자료.

김명정(2009). 대한민국청소년의회 참여활동이 청소년의 민주적 태도 변화에 미치는 영향. 정치정보연구, 12(2), 119-143.

대한민국청소년의회(2004). 2003 대한민국청소년의회 보고서. 서울: 대한민국.

여성가족부(2020). 청소년백서. 여성가족부.

유니세프한국위원회(2019). 알기 쉬운 아동친화도시 길라잡이. 유니세프한국위원회 아동권리옹호팀.

윤민종·정은진·정건희·이선영(2016). 청소년 참여예산제 실태 및 발전 방안 연구. 세종: 한국청소년정책연구원.

정건희 외(2004). 서울시 청소년운영위원회 실태 및 참여 수준 연구. 서울특별시립 청소년활동진흥센터 연구보고서.

정건희(2020). 지역사회 청소년운동 관점의 청소년활동론. 어가.

정건희·노자은(2011). 청소년시민성 관련 보도 프레임 분석 연구. 한국시민청소년학회, 2, 85-116.

조지형(2007). 헌법에 비친 역사. 서울: 푸른역사.

천정웅(1998). 청소년정책: 수련활동과 '청소년 참여'의 정책제도화에 관한 연구. 청소년학연구, 5(3), 231-259.

최창욱·전명기(2013). 청소년참여기구 활성화 방안 연구. 한국청소년정책연구원 연구보고서.

Benjamin, K., Jeniffer, L. O., & Milbrey, W. M.(2002). New Directions for Youth Development: Youth Participation(improving institutions and communities). New Jersey: Wiley.

Council of Europe.(1993). European Charter on the Participation of Young People in Municipal and Regional Life. Retrieved August 22, 2016, http://www.coe.fr.

Hart, R. A.(1997). Children's Participation: The Theory and Practice of Involving Young Citizens in Community Development and Environmental Care. New York: UNICEF.

Malone, K.(2009). Designs For a child friendly city, Journal of Curriculum

Leadership, 7(2), 45-50.
UNICEF(2002). The State of the World's Children 2003. New York: Editorial and Publication Section of UNICEF.
UNICEF(2005). Cities With Children-Child Friendly Cities in Italy, UNICEF Innocenti Research Center: Florence.
Winter, M.(1997). Children ad Fellow Citizens: participation and commitment. Oxford: Radcliffe Medical Press.
대한민국청소년의회 홈페이지. http://www.youthassembly.or.kr
위키백과. https://ko.wikipedia.org/w/undefined?action=edit&section=3
유니세프 아동친화도시 홈페이지. http://childfriendlycities.kr/
청소년 참여포털 홈페이지. http://www.youth.go.kr/ywith

5장 청소년이 만들어 가는 청소년의회 이야기

김규진(2021). '청소년 정치참여 현안과제 및 활성화 방안 모색' 토론문-지역사회 기반 청소년 정치참여 방안: 금천구 청소년의회를 중심으로. 강민정의원실, 한국청소년정책연구원, 선거연수원 주최 '청소년 정치참여 현안 과제 및 활성화 방안 모색' 포럼 자료집.
김영인(2007). 청소년의 대한민국청소년의회 참여 경험과 시민성 변화. 청소년학연구, 14(6), 99-127.
이윤주·오해섭·유설희·배진우·이루다(2018). 청소년의회 운영 개선 방안 연구. 서울특별시·한국청소년정책연구원.
이윤주(2017). 지역사회 청소년 정치참여를 통한 지속가능한 시민역량 활성화 방-금천구 청소년의회 사례를 중심으로. 정치정보연구, 20(3), 149-178.
이윤주·정상우(2018). 청소년 정치참여의 소통 플랫폼으로서 청소년의회 고찰: 청소년의회 조례 분석과 평가를 중심으로. 교육문화연구, 24(4), 539-566.
이윤주(2018). 학교와 지역사회 연계 네트워크 구축을 통한 실천 중심의 청소년 참여 방안 모색. 사회과교육, 57(1), 17-36.
이윤주(2020). 정치사회화 공간으로서 청소년의회-제도를 넘어 정치문화로 자리매김을 위한 방안. 법과인권교육, 13(2), 75-91.

6장 청소년참여위원회, 진화를 위한 발걸음

김명정(2009). 청소년 참여가 시민성 함양에 미치는 영향. 서울대학교 박사학위 논문.

김태한(2013). 한국 청소년의 시민지식 및 내적 정치효능감 발달에 관한 연구. 시민교육연구, 제45권, 제4호, 1-37.
박가나(2008). 청소년 참여활동이 공동체의식에 미치는 효과. 서울대학교 박사학위 논문.
여성가족부(2019). 청소년참여위원회 우수사례집.
여성가족부(2020). 청소년백서.
유혜영(2013). 투표 참여에 영향을 미치는 요인과 시민교육적 함의: 한국의 국회의원 선거를 중심으로. 서울대학교 석사학위 논문.
이승종(2001). 참여를 위한 실천적 시민교육 방안. 시민교육연구, 제33권, 293-310.
이윤주(2015a). 의사소통 연결망이 청소년 정치참여에 미치는 효과-서울시 어린이청소년참여위원회의 집합적 의사결정을 중심으로. 서울대학교 박사학위 논문.
이윤주(2015b). 청소년 정치참여 활성화를 위한 실천 중심 기능학습의 필요성-사회과교육에서의 청소년 정치참여 연구 동향을 기반으로. 시민교육연구, 47(2), 85-113.
최창욱·김승경(2010). 청소년 권리증진을 위한 참여확대 방안 연구. 한국청소년개발원 연구보고서. 여성가족부.
파커 J. 파머(2012). 비통한 자들을 위한 정치학. 서울: 글항아리.
Stroupe & Sabato(2004). Politics: The missing link of responsible civil education. CIRCLE Working Paper18. Report Executive Summary, ERIC Clearinghouse.
Verba & Nie(1972). Participation in America: Political Democracy and Social Equality, The University of Chicago Press.

3부 청소년 참여에 색을 입히다

7장 청소년, 지역사회 문제 해결에 앞장서다

경기교육모아 몽실학교 홈페이지 https://more.goe.go.kr/mongsil/subList/20000000571에서 2021. 5. 16. 인출.
교육부 행복한 교육 2018년 11월호. https://happyedu.moe.go.kr/happy/bbs/selectHappyArticle.do?bbsId=BBSMSTR_000000005080&nttId=8773에서

2021. 5. 16. 인출.
노원구 보도자료(2020. 12. 14). "노원구, 미래의 주역인 청소년들을 마을공동체 길잡이로". https://www.nowon.kr/www/user/bbs/BD_select Bbs.do?q_bbsCode=1027&q_bbscttSn=20201214113110044&q_rowPerPage=10&q_currPage=1&q_sortName=&q_sortOrder=&q_searchKeyTy=sj___1002&q_searchVal=%EC%B2%AD%EC%86%8C%EB%85%84&에서 2021. 5. 5. 인출.
노원구·서울특별시북부교육지원청(2021). 2020년 서울형혁신교육지구사업 노원청소년사회참여활동 시작된 변화 보고서. http://www.gycenter.or.kr/community/3에서 2021. 5. 5. 인출.
배성호(2016). "아이들이 주인공이 되어 만들어 가는 세상". 서울특별시 「2016년 생활 속 민주주의 실현을 위한 제4차 민주시민포럼」 자료집, 57-66(2016년 10월 19일, 서울유스호스텔).
서우철(2017). 학생 주도 교육의 장 '꿈이룸학교'와 마을교육공동체. 한국교육사회학회 50주년 기념 학술대회 자료집 「사회변화와 교육: 과거, 현재, 미래」, 47-54(서울교육대학교 전산교육관 공학1실).
서울특별시교육청(2020. 12). 더 나은 세상으로의 발걸음: 체인지메이커 교육여정 안내서(선생님 입문편).
이승훈(2013). '마을'을 바탕에 둔 청소년 진로, 꿈 교육활동: '시작된 변화'와 공릉동 꿈마을 공동체 '꿈나르샤' 사례. 2013년 미래를여는청소년학회·한국청소년복지학회·한국청소년정책연구원 춘계 공동학술대회 청소년진로체험활동 자료집, 19-39(2013년 5월 4일, 송도 컨벤시아 1층 세미나실).
핀란드 루띠(Ruuti) 홈페이지 메인 화면. http://ruuti.munstadi.fi/en/에서 2017. 10. 19. 인출.
한국청소년정책연구원(2017). 청소년의 지역사회 참여 모형개발 연구. 세종: 한국청소년정책연구원.
홍미화·곽혜송·김옥진·배성호·차보은(2016). 초등학교 민주시민교육의 효과성 제고 방안 연구. 서울: 선거연수원.
Högnabba, S., & Mattila. P.(2016. 3. 28). The Youth report and youth participation models in Helsinki. https://www.djht-europe.de/downloads/ doctrine/Web forumVeranstaltungenWebsiteBundle:ProgrammpunktDown load-file-11/Presentation%20Helsinki.pdf에서 2017. 7. 19. 인출.

8장 청소년, 자신의 문제에 대한 답을 찾다

김남선·김만희(2000). 참여 연구법을 통한 청소년 문제 진단 및 해결 방안(A Study on Diagnosing and Solving Youth Problems by Participatory Research). 지역사회개발학술지, 10(1), 135-160.

김현경(2015). 청소년 참여실행연구(YPAR)의 사회과 수업 적용의 실제. 사회과교육, 54(3), 87-103.

남채봉(2013). "우리도 이야기할 수 있다": 청소년 참여 실행 연구(Youth Participatory Action Research)가 다문화 시대 비판 시민 교육에 지니는 의의. 시민교육연구, 45(2), 31-65.

모상현(2019). 청소년 참여 연구사업 운영을 통한 청소년 활동 활성화 및 역량 증진 방안 연구.

모상현·함세정(2019). 청소년 참여 연구사업 운영을 통한 청소년 활동 활성화 및 역량 증진 방안 연구: 10대 연구소 연구사업 운영보고.

Anyon, Yolanda, Sandra, Naughton(2003). "Youth Empowerment: the contribution and challenges of Youth-Led Research in a Hiring-Poverty", Urban Community, Stanford Graduate School of Education Open Archive.

Maglajli, R. A., Tiffany, J. S(2006). "Participatory Action Research with Youth in Bosnia and Herzegovina", Journal of Community Practice, 14(1-2), 163-181.

Hall, Budd.(1992). "From Margins to Center? The Development and Purpose of Participatory Research", American Sociologist, 23(4), 15-28.

Public Health Institute Network for a Healthy California(2012). Youth Participatory Action Research: A Review of the Literature.

World Economic Forum, Annual Report 2017-2018. 출처: www.weforum.org

9장 청소년, 기후위기 해결의 주체가 되다

한눈에 보는 P4G(브로슈어). https://2021p4g-seoulsummit.kr/resource/etc/web/viewer3.html에서 2021. 8. 30. 인출.

황세영·이윤주·최정원·김현철(2021). 청소년 기후행동을 통한 환경교육의 확장 탐색: 2021 서울녹색미래정상회의 청소년 목소리 페스타 사례. 2021년 상반기 환경교육학회 학술대회 자료집.

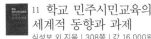

● 교과서 밖에서 만나는 역사 교실 상식이 통하는 살아 있는 역사를 만나다

전봉준과 동학농민혁명
조광환 지음 | 336쪽 | 값 15,000원

남도의 기억을 걷다
노성태 지음 | 344쪽 | 값 14,000원

응답하라 한국사 1·2
김은석 지음 | 356쪽·368쪽 | 각권 값 15,000원

즐거운 국사수업 32강
김남선 지음 | 280쪽 | 값 11,000원

즐거운 세계사 수업
김은석 지음 | 328쪽 | 값 13,000원

강화도의 기억을 걷다
최보길 지음 | 276쪽 | 값 14,000원

광주의 기억을 걷다
노성태 지음 | 348쪽 | 값 15,000원

선생님도 궁금해하는
한국사의 비밀 20가지
김은석 지음 | 312쪽 | 값 15,000원

걸림돌
키르스텐 세룹-빌펠트 지음 | 문봉애 옮김
248쪽 | 값 13,000원

역사수업을 부탁해
열 사람의 한 걸음 지음 | 388쪽 | 값 18,000원

진실과 거짓, **인물 한국사**
하성환 지음 | 400쪽 | 값 18,000원

우리 역사에서 사라진
근현대 인물 한국사
하성환 지음 | 296쪽 | 값 18,000원

꼬물꼬물 거꾸로 역사수업
역모자들 지음 | 436쪽 | 값 23,000원

즐거운 동아시아사 수업
김은석 지음 | 240쪽 | 값 15,000원

노성태, 역사의 길을 걷다
노성태 지음 | 324쪽 | 값 17,000원

혁신학교
역사과 교육과정과 수업 이야기
황현정 지음 | 240쪽 | 값 15,000원

교과서 밖에서 배우는 역사 공부
정은교 지음 | 292쪽 | 값 14,000원

팔만대장경도 모르면 빨래판이다
전병철 지음 | 360쪽 | 값 16,000원

빨래판도 잘 보면 팔만대장경이다
전병철 지음 | 360쪽 | 값 16,000원

영화는 역사다
강성률 지음 | 288쪽 | 값 13,000원

친일 영화의 해부학
강성률 지음 | 264쪽 | 값 15,000원

한국 고대사의 비밀
김은석 지음 | 304쪽 | 값 13,000원

조선족 근현대 교육사
정미량 지음 | 320쪽 | 값 15,000원

다시 읽는 **조선근대 교육의 사상과 운동**
윤건차 지음 | 이명실·심성보 옮김 | 516쪽 | 값 25,000원

음악과 함께 떠나는 **세계의 혁명 이야기**
조광환 지음 | 292쪽 | 값 15,000원

논쟁으로 보는 **일본 근대 교육의 역사**
이명실 지음 | 324쪽 | 값 17,000원

다시, 독립의 기억을 걷다
노성태 지음 | 320쪽 | 값 16,000원

한국사 리뷰
김은석 지음 | 244쪽 | 값 15,000원

경남의 기억을 걷다
류형진 외 지음 | 564쪽 | 값 28,000원

어제와 오늘이 만나는 교실
학생과 교사의 역사수업 에세이
정진경 외 지음 | 328쪽 | 값 17,000원

우리 역사에서 왜곡되고 사라진
근현대 인물 한국사
하성환 지음 | 348쪽 | 값 18,000원

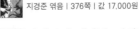

프레이리의 사상과 실천
사람대사람 지음 | 352쪽 | 값 18,000원
2018 세종도서 학술부문

혁신학교, 한국 교육의 미래를 열다
송순재 외 지음 | 608쪽 | 값 30,000원

페다고지를 위하여
프레네의 『페다고지 불변요소』 읽기
박찬영 지음 | 296쪽 | 값 15,000원

노자와 탈현대 문명
홍승표 지음 | 284쪽 | 값 15,000원

선생님, 민주시민교육이 뭐예요?
염경미 지음 | 244쪽 | 값 15,000원

어쩌다 혁신학교
유우석 외 지음 | 380쪽 | 값 17,000원

미래, 교육을 묻다
정광필 지음 | 232쪽 | 값 15,000원

대학, 협동조합으로 교육하라
박주희 외 지음 | 252쪽 | 값 15,000원

입시, 어떻게 바꿀 것인가?
노기원 지음 | 306쪽 | 값 15,000원

촛불시대, 혁신교육을 말하다
이용관 지음 | 240쪽 | 값 15,000원

라운드 스터디
이시이 데루마사 외 엮음 | 224쪽 | 값 15,000원

미래교육을 디자인하는 **학교교육과정**
박승열 외 지음 | 348쪽 | 값 18,000원

흥미진진한 아일랜드 전환학년 이야기
제리 제퍼스 지음 | 최상덕·김호원 옮김 | 508쪽 | 값 27,000원
2019 대한민국학술원우수학술도서

폭력 교실에 맞서는 용기
따돌림사회연구모임 학급운영팀 지음
272쪽 | 값 15,000원

그래도 혁신학교
박은혜 외 지음 | 248쪽 | 값 15,000원

학교는 어떤 공동체인가?
성열관 외 지음 | 228쪽 | 값 15,000원

교사 전쟁
다나 골드스타인 지음 | 유성상 외 옮김
468쪽 | 값 23,000원

시민, 학교에 가다
최형규 지음 | 260쪽 | 값 15,000원

교육과정, 수업, 평가의 일체화
리사 카터 지음 | 박승열 외 옮김 | 196쪽 | 값 13,000원

학교를 개선하는 교장
지속가능한 학교 혁신을 위한 실천 전략
마이클 풀란 지음 | 서동연·정효준 옮김 | 216쪽 | 값 13,000원

공자뎐, 논어는 이것이다
유문상 지음 | 392쪽 | 값 18,000원

교사와 부모를 위한
발달교육이란 무엇인가?
현광일 지음 | 380쪽 | 값 18,000원

교사, 이오덕에게 길을 묻다
이무완 지음 | 328쪽 | 값 15,000원

낙오자 없는 스웨덴 교육
레이프 스트란드베리 지음 | 변광수 옮김
208쪽 | 값 13,000원

끝나지 않은 마지막 수업
장석웅 지음 | 328쪽 | 값 20,000원

경기꿈의학교
진흥섭 외 지음 | 360쪽 | 값 17,000원

학교를 말한다
이성우 지음 | 292쪽 | 값 15,000원

행복도시 세종,
혁신교육으로 디자인하다
곽순일 외 지음 | 392쪽 | 값 18,000원

나는 거꾸로 교실 거꾸로 교사
류광모·임정훈 지음 | 212쪽 | 값 13,000원

교실 속으로 간 **이해중심 교육과정**
온정덕 외 지음 | 224쪽 | 값 13,000원

교실, 평화를 말하다
따돌림사회연구모임 초등우정팀 지음
268쪽 | 값 15,000원

학교자율운영 2.0
김용 지음 | 240쪽 | 값 15,000원

학교자치를 부탁해
유우석 외 지음 | 252쪽 | 값 15,000원

국제이해교육 페다고지
강순원 외 지음 | 256쪽 | 값 15,000원

선생님, 페미니즘이 뭐예요?
염경미 지음 | 280쪽 | 값 15,000원

평화의 교육과정 섬김의 리더십
이준원·이형빈 지음 | 292쪽 | 값 16,000원

더불어 사는 정의로운 세상을 여는 인문사회과학 사람의 존엄과 평등의 가치를 배운다

밥상혁명
강양구·강이현 지음 | 298쪽 | 값 13,800원

도덕 교과서 무엇이 문제인가?
김대용 지음 | 272쪽 | 값 14,000원

자율주의와 진보교육
조엘 스프링 지음 | 심성보 옮김 | 320쪽 | 값 15,000원

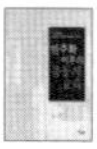

민주화 이후의 공동체 교육
심성보 지음 | 392쪽 | 값 15,000원
2009 문화체육관광부 우수학술도서

동양사상과 마음교육
정재걸 외 지음 | 356쪽 | 값 16,000원
2015 세종도서 학술부문

교과서 밖에서 배우는 철학 공부
정은교 지음 | 280쪽 | 값 14,000원

교과서 밖에서 배우는 사회 공부
정은교 지음 | 304쪽 | 값 15,000원

교과서 밖에서 배우는 윤리 공부
정은교 지음 | 292쪽 | 값 15,000원

한글 혁명
김슬옹 지음 | 388쪽 | 값 18,000원

우리 안의 미래교육
정재걸 지음 | 484쪽 | 값 25,000원

왜 그는 한국으로 돌아왔는가?
황선준 지음 | 364쪽 | 값 17,000원
2019 세종도서 교양부문

공간, 문화, 정치의 생태학
현광일 지음 | 232쪽 | 값 15,000원

인공지능 시대의 사회학적 상상력
홍승표 지음 | 260쪽 | 값 15,000원

동양사상과 인간 그리고 사회
이현지 지음 | 418쪽 | 값 21,000원

장자와 탈현대
정재걸 외 지음 | 424쪽 | 값 21,000원

놀자선생의 놀이인문학
진용근 지음 | 380쪽 | 값 185,000원

포스트 코로나 시대, 예술과 정치
현광일 지음 | 288쪽 | 값 16,000원

서울대 10개 만들기
김종영 지음 | 348쪽 | 값 18,000원

좌우지간 인권이다
안경환 지음 | 288쪽 | 값 13,000원

민주시민교육
심성보 지음 | 544쪽 | 값 25,000원

민주시민을 위한 도덕교육
심성보 지음 | 500쪽 | 값 25,000원
2015 세종도서 학술부문

교과서 밖에서 배우는 인문학 공부
정은교 지음 | 280쪽 | 값 13,000원

오래된 미래교육
정재걸 지음 | 392쪽 | 값 18,000원

대한민국 의료혁명
전국보건의료산업노동조합 엮음 | 548쪽 | 값 25,000원

전체 안의 전체 사고 속의 사고
김우창의 인문학을 읽다
현광일 지음 | 320쪽 | 값 15,000원

카스트로, 종교를 말하다
피델 카스트로·프레이 베토 대담 | 조세종 옮김
420쪽 | 값 21,000원

일제강점기 한국철학
이태우 지음 | 448쪽 | 값 25,000원

한국 교육 제4의 길을 찾다
이길상 지음 | 400쪽 | 값 21,000원
2019 세종도서 학술부문

마을교육공동체 생태적 의미와 실천
김용련 지음 | 256쪽 | 값 15,000원

교육과정에서 왜 지식이 중요한가
심성보 지음 | 440쪽 | 값 23,000원

식물에게서 교육을 배우다
이차영 지음 | 260쪽 | 값 15,000원

왜 전태일인가
송필경 지음 | 236쪽 | 값 17,000원

한국 세계시민교육이 나아갈 길을 묻다
유네스코태평양 국제이해교육원 지음 | 260쪽 | 값 18,000원

코로나 시대, 마을교육공동체 운동과 생태적 교육학
심성보 지음 | 280쪽 | 값 17,000원

포스트 코로나 시대의 교육
성열관 외 지음 | 224쪽 | 값 15,000원

학교의 미래, 전문적 학습 공동체로 열다
새로운학교네트워크·오윤주 외 지음 | 276쪽 | 값 16,000원

평화샘 프로젝트 매뉴얼 시리즈 학교폭력에 대한 근본적인 예방과 대책을 찾는다

학교폭력 어떻게 만들어지는가
문재현 외 지음 | 300쪽 | 값 14,000원

학교폭력, 멈춰!
문재현 외 지음 | 348쪽 | 값 15,000원

왕따, 이렇게 해결할 수 있다
문재현 외 지음 | 236쪽 | 값 12,000원

젊은 부모를 위한 백만 년의 육아 슬기
문재현 지음 | 248쪽 | 값 13,000원

우리는 마을에 산다
유양우·신동명·김수동·문재현 지음
312쪽 | 값 15,000원

누가, 학교폭력 해결을 가로막는가?
문재현 외 지음 | 312쪽 | 값 15,000원

아이들을 살리는 동네
문재현·신동명·김수동 지음 | 204쪽 | 값 10,000원

평화! 행복한 학교의 시작
문재현 외 지음 | 252쪽 | 값 12,000원

마을에 배움의 길이 있다
문재현 지음 | 208쪽 | 값 10,000원

별자리, 인류의 이야기 주머니
문재현·문한뫼 지음 | 444쪽 | 값 20,000원

동생아, 우리 뭐 하고 놀까?
문재현 외 지음 | 280쪽 | 값 15,000원

코로나 19가 앞당긴 미래,
마을에서 찾는 배움길
문재현 외 지음 | 308쪽 | 값 16,000원

남북이 하나 되는 두물머리 평화교육 분단 극복을 위한 치열한 배움과 실천을 만나다

10년 후 통일
정동영·지승호 지음 | 328쪽 | 값 15,000원

분단시대의 통일교육
성래운 지음 | 428쪽 | 값 18,000원

한반도 평화교육 어떻게 할 것인가
이기범 외 지음 | 252쪽 | 값 15,000원

선생님, 통일이 뭐예요?
정경호 지음 | 252쪽 | 값 13,000원

김창환 교수의 DMZ 지리 이야기
김창환 지음 | 264쪽 | 값 15,000원

포괄적 평화교육
베티 리어든 지음 | 강순원 옮김 | 252쪽 | 값 17,000원

창의적인 협력 수업을 지향하는 삶이 있는 국어 교실 우리말 글을 배우며 세상을 배운다

중학교 국어 수업
어떻게 할 것인가?
김미경 지음 | 340쪽 | 값 15,000원

토닥토닥 토론해요
명혜정·이명선·조선미 엮음 | 288쪽 | 값 15,000원

어린이와 시
오인태 지음 | 192쪽 | 값 12,000원

언어던
정은균 지음 | 268쪽 | 값 15,000원
2019 세종도서 교양부문

감각의 갱신, 화장하는 인민
남북문학예술연구회 | 380쪽 | 값 19,000원

토론의 숲에서 나를 만나다
명혜정 엮음 | 312쪽 | 값 15,000원

인문학의 숲을 거니는 토론 수업
순천국어교사모임 엮음 | 308쪽 | 값 15,000원

수업, 슬로리딩과 함께
박경숙 외 지음 | 268쪽 | 값 15,000원

민촌 이기영 평전
이성렬 지음 | 508쪽 | 값 20,000원